LEBENSLANG GRÜN-WEISS

DAS OFFIZIELLE JAHRBUCH 2013/14

EDITORIAL

Liebe Werder-Fans!

Werder-Geschäftsführer
Thomas Eichin, Klaus Filbry und Klaus-Dieter Fischer (v. li.)

Das Jahr 2013 stand für den SV Werder Bremen im Zeichen der Veränderungen, im Zeichen des Aufbruchs, der unter anderem durch den Wechsel auf der Position des Cheftrainers verkörpert wird. Mit Stolz dürfen wir auf die lange Zeit mit Thomas Schaaf zurückblicken, dem wir auch an dieser Stelle noch einmal für seine großartige Arbeit danken. Es war eine im Profi-Fußball außergewöhnliche Ära unseres Clubs. Jeder wusste, dass sie irgendwann zu Ende gehen würde. Und wir waren uns mit Thomas Schaaf einig, dass in diesem Sommer der richtige Zeitpunkt dafür war.

Mit Robin Dutt konnten wir zur neuen Saison einen Mann für unseren Verein gewinnen, der unglaublich schnell Teil der Werder-Welt geworden ist. Gemeinsam mit seinem Trainer-Team gestaltet er die sportliche Neuausrichtung – mit großem Engagement, frischen Ideen und jeder Menge Spaß an den Herausforderungen, die vor uns liegen. Und er ist sich der Werte bewusst, für die unser Club seit Jahrzehnten steht.

Zu diesen Werten gehört neben Ruhe und einer gewissen Unaufgeregtheit vor allem Kontinuität. In diesem Geist wollen wir auch in den kommenden Jahren arbeiten. Es ist Zeit, wieder etwas Nachhaltiges aufzubauen. Robin Dutt und sein Trainer-Team können genau das. Und sie haben mit ihrer Arbeit vom ersten Tag an den Nerv der Mannschaft getroffen. Dem gierigen Tagesgeschäft Fußball-Bundesliga haben sie dabei ein Schnippchen geschlagen und keinen Tabellenplatz als Ziel ausgegeben. Es geht vielmehr darum, eine positive sportliche Entwicklung zu sehen. Und uns ist bewusst, dass das Zeit und Geduld erfordert.

Die Kontinuität der vergangenen Jahrzehnte färbt zweifellos auch auf das Verhalten unserer Fans ab. Wir haben am Ende der vergangenen Saison ein Zusammengehörigkeitsgefühl von Fans und Verein erlebt, das einzigartig war. Unser Dank geht noch einmal an alle, die mit ihrer Unterstützung unserer Mannschaft im Abstiegskampf den Rücken gestärkt haben. Im gesamten Jahr 2013 gab es nur sehr wenige Heimsiege im Weser-Stadion. Dennoch hatten unsere Anhänger bei jedem Spiel wieder den vollen Kredit für die Mannschaft und haben nicht den häufig üblichen Reflex der Unmutsäußerungen bedient. Das ist außergewöhnlich. Und zu Recht wurden unsere Fans am Ende der Spielzeit mit dem ‚Sport Bild'-Award für die beste Fan-Aktion des Jahres, für ‚ALLEz GRÜN', ausgezeichnet. Diese Unterstützung auch in schwierigen Zeiten ist zweifellos eine große Stärke unseres Standorts Bremen.

Und das gerade deshalb, weil wir uns weiterhin einem immer schärferen Wettbewerb in der Bundesliga stellen müssen. In diesem Wettbewerb gilt es für uns, wieder unseren sportlichen Platz zu finden. Dafür haben wir die Weichen gestellt. Gleichwohl ist auch unser finanzieller Konsolidierungskurs noch nicht zu Ende. Wichtig ist: Wir sind so gut aufgestellt, dass wir weiterhin die Zukunft des SV Werder gestalten können. Interessante und ‚kreative' Transfers wie Cedrick Makiadi, Luca Caldirola, Santiago Garcia und Franco Di Santo sowie die weitere Optimierung der Talentförderung und der Durchlässigkeit aus dem Nachwuchsbereich – mit einem starken Wettbewerb unter den jungen Spielern um die Plätze im Profi-Kader – rücken dabei in den Vordergrund.

Der SV Werder Bremen gehört in der Wahrnehmung der Öffentlichkeit weiterhin zu den großen deutschen Clubs. Das zeigen unter anderem unsere Social-Media-Werte. Ob Facebook, Twitter, Youtube oder Google+ – in allen sozialen Netzwerken liegen wir mit der Zahl unserer Fans unter den Top 5 der Bundesliga. Auch der zweite Platz in der ewigen Bundesliga-Tabelle ist für uns Ansporn und Verpflichtung, die große Tradition des SV Werder fortzuführen. Die Struktur des Clubs und die Mitarbeiter werden von der Geschäftsführung stetig weiterentwickelt. Unsere CSR-Marke WERDER BEWEGT – LEBENSLANG mit ihren zahlreichen und immer wieder neuen, innovativen sozialen Projekten hat weiterhin Vorbildcharakter in der Liga.

Wir sind sehr zuversichtlich, dass es in den kommenden Jahren wieder eine kontinuierliche Entwicklung unserer Bundesliga-Mannschaft geben wird. Das muss unser Ziel sein. Dafür krempeln wir weiter die Ärmel hoch.

In diesem offiziellen WERDER JAHRBUCH 2013/14 blicken wir somit auf ein Kalenderjahr mit vielen Facetten zurück: auf Abschied und Neubeginn, auf Siege und Niederlagen, auf Jubel und Enttäuschung – alles festgehalten in emotionalen Bildern. Wir danken Ihnen, liebe Fans und Freunde des SV Werder Bremen, für die Treue im Jahr 2013 und freuen uns mit Ihnen auf ein ereignisreiches Werder-Jahr 2014.

Ihre Werder-Geschäftsführung
Klaus Filbry, Thomas Eichin, Klaus-Dieter Fischer

DAS OFFIZIELLE SV WERDER BREMEN JAHRBUCH 2013/14

SV Werder in Bildern
- **4** | Rückblick: Ein bewegtes Jahr
- **8** | Die besten Werder-Fotos

Service
- **137** | Geschäftsführung
- **139** | Aufsichtsrat
- **141** | Partner und Sponsoren
- **143** | Alles für den Fan
- **145** | Soziales Engagement
- **149** | Trainer-Team
- **151** | WERDER Leistungszentrum
- **153** | Regionalliga
- **155** | Frauenfußball
- **157** | Präsidium Sport-Verein ‚Werder' von 1899 e. V.
- **159** | Der SV Werder Bremen und seine Sportarten
- **161** | Wir bei WERDER: Mitarbeiter
- **176** | Auf einen Blick

Impressum

Herausgeber:
SV Werder Bremen GmbH & Co KG aA,
Franz-Böhmert-Str. 1c, 28205 Bremen
Gesamtverantwortung: Tino Polster, V. i. S. d. P.
Leiterin Printmedien: Marita Hanke
Redaktion: Martin Lange
Schlussredaktion: Thomas Grziwa
Redaktionelle Mitarbeit: Maximilian Hendel, Norman Ibenthal, Jörn Lange, Laura Ziegler
Fotos: Getty Images, T. Grziwa, A. Gumz, hansepixx, C. Heidmann, imago, nordphoto, picture-alliance, Pressefoto ULMER, M. Rospek, Sky View Imaging, Witters
Fotoredaktion: Marita Hanke, Thomas Grziwa
Anzeigenleitung: Oliver Rau
Gestaltung: T. Grziwa, Medienhaven GmbH
Satz und Lithografie: Medienhaven GmbH
Druck: CEWE-PRINT GmbH
Meerweg 30 – 32 · 26133 Oldenburg

© 2013 Copyright by
SV Werder Bremen
und Autoren

WERDER JAHRBUCH 2013/14   3

Ein bewegtes

Zwei Minuten – eine gefühlte Ewigkeit. 120 zusätzliche Sekunden Zittern, Bangen und Hoffen. Thomas Schaaf, längst im äußersten Winkel seiner Coaching-Zone angelangt, trieb sein Team noch einmal an. Schiedsrichter Manuel Gräfe hatte den Blick bereits mehrfach auf die Uhr wandern lassen. Das Weser-Stadion: ein grün-weißes Meer der Unterstützung. 40.000 Kehlen, bis zum Schluss unermüdlich singend. „Werder Bremen olé, Werder Bremen olé." Immer weiter.

Noch einmal Freistoß für den SVW, hoch und weit. Als weder Aaron Hunt noch Nils Petersen den Ball kontrollieren können, pfeift Gräfe ab – und erlöst die gesamte Werder-Welt von einer gigantischen Anspannung. Der Verbleib in der Liga war gesichert. Die Fakten zu dieser nervenaufreibenden Schlussphase: 33. Spieltag der Saison 2012/2013, SV Werder Bremen gegen Eintracht Frankfurt, Endstand 1:1. Was sich dahinter verbarg, war an Emotionalität jedoch kaum zu überbieten.

Schon der Start ins Kalenderjahr 2013 verlief für die Grün-Weißen alles andere als erfreulich. Zum Rückrundenauftakt gab es ein 0:5 gegen Borussia Dortmund, gefolgt von einer 2:3-Niederlage im Nord-Derby beim Hamburger SV. Mit Siegen gegen Hannover 96 und beim VfB Stuttgart schien das Team dann zwar wieder in die Erfolgsspur gefunden zu haben, tatsächlich konnte aber bis zum Saisonende kein einziges Spiel mehr gewonnen werden.

Auf den Sieg in Stuttgart folgten drei Niederlagen in Serie, in der Tabelle rutschte der SV Werder auf Rang 14 ab. Die bislang schlechteste Platzierung der Saison hinterließ Spuren, vor allem das 0:1 gegen den direkten Konkurrenten FC Augsburg sorgte unter den Anhängern für Beunruhigung. Vier Punkte aus den folgenden fünf Spielen verschafften kaum Entlastung. Im Gegenteil: Das vermeintlich richtungsweisende Duell gegen den Tabellen-Nachbarn VfL Wolfsburg endete mit einer enttäuschenden 0:3-Niederlage. „Nach dieser Partie kann ich jeden einzelnen Fan verstehen, der seinem Unmut mit Pfiffen Luft macht", sagte Thomas Eichin mit Blick auf die Stimmungslage im Weser-Stadion.

Für den neuen Geschäftsführer des SV Werder wurden die ersten Wochen und Monate an der Weser zu einer echten ‚Feuertaufe'. Im November 2012 hatte Klaus Allofs Bremen nach 13 Jahren in Richtung Wolfsburg verlassen – kurz vor dem Jahreswechsel präsentierten die Grün-Weißen dann seinen Nachfolger: Thomas Eichin, von 1985 bis 1999 Bundesliga-Profi und seit 2001 Geschäftsführer beim Eishockey-Club Kölner Haie. „Er ist verhandlungserfahren, kennt sich in der Bundesliga aus und hat im Eishockey bewiesen, dass er an der Spitze eines Traditionsvereins alle Höhen und Tiefen erfolgreich bestehen kann", beschrieb Werders Aufsichtsratsvorsitzender Willi Lemke den neuen Mann in Werders Führungsriege.

Eichin gab sofort Vollgas für den Verein. Bei den Kölner Haien arbeitete er seinen Nachfolger schneller ein als ursprünglich geplant und trat seinen Dienst bei Werder bereits am 15. Februar 2013 an. In die Fußstapfen von Klaus Allofs zu treten, wolle er gar nicht erst versuchen, kündigte der zweifache Familienvater bei seiner ersten Pressekonferenz an: „Ich werde meinen eigenen Stil einbringen und meinen eigenen Weg finden."

Schneller als ihm lieb war, musste sich Eichin in schwierigen Situationen beweisen. Am 22. Spieltag saß er erstmals mit auf der Werder-Bank – und erlebte gegen den SC Freiburg den Auftakt zur erwähnten, drei Spiele währenden Niederlagen-Serie. Das mediale Echo ließ nicht lange auf sich warten. Thomas Schaaf wurde in der Öffentlichkeit kritisiert, Eichin stärkte dem

Jahr

langjährigen Cheftrainer den Rücken. „Wir analysieren die momentane sportliche Situation und hinterfragen uns kritisch – mit der Vereinsspitze und mit dem Trainer", sagte Eichin nach der Niederlage gegen den VfL Wolfsburg. „Wir sind davon überzeugt, aus der aktuellen Situation mit Thomas Schaaf am besten herauszukommen."

Eindrucksvoller Schulterschluss zwischen Mannschaft und Fans

Mit einem Auswärtsspiel beim designierten Champions-League-Teilnehmer Bayer 04 Leverkusen hätte die nun folgende Herausforderung jedoch kaum größer sein können.

Die Werderaner unterlagen trotz einer beherzten Leistung knapp mit 0:1. Da mit 1899 Hoffenheim und dem FC Augsburg zwei Teams aus der Abstiegszone gewannen, war der 31. Spieltag aus grün-weißer Sicht kein schöner Tag. Dass der 11. Mai 2013 trotzdem als Wendepunkt in Erinnerung blieb, lag an rund 3.000 nach Leverkusen mitgereisten Werder-Anhängern, die im wahrsten Sinne des Wortes für eine ‚dritte Halbzeit' sorgten. Noch 45 Minuten nach Abpfiff feierten sie ihren Club – und vor allem dessen Coach. Im ansonsten menschenleeren Stadion kam es zum eindrucksvollen Schulterschluss zwischen Mannschaft und Fans. Ein außergewöhnlicher Moment, der den Auftakt zu einem packenden Saisonfinale bildete.

Nur zwei Tage später bekam die unglaubliche Unterstützung für den SVW einen Namen. Unter dem vom Werder-Fan-Portal WORUM initiierten Motto ‚ALLEz GRÜN' stellte sich ganz Bremen im Abstiegskampf hinter den SV Werder. Die Kanäle der sozialen Netzwerke liefen heiß, so viele Fans wie möglich sollten für die vom Verein unterstützte Aktion mobilisiert werden. Häuserfassaden, Autos und Ladentheken wurden grün-weiß geschmückt – beim Abschlusstraining vor dem Duell gegen 1899 Hoffenheim sorgten mehr als 300 Fans für Aufbruchstimmung.

Am Spieltag selbst nahmen mehr als 10.000 Menschen den Mannschaftsbus in Empfang und trugen das Team auf einer grün-weißen Euphorie-Welle in die Arena. Der zweite ‚Gänsehaut-Moment' ließ nicht lange auf sich warten: Um das 25-jährige Jubiläum der Meister-Mannschaft von 1988 zu feiern, präsentierte die Ostkurve vor dem Anpfiff eine atemberaubende Choreografie. ‚Nicht die Mittel entscheiden über den Erfolg – es ist die Einstellung', so die richtungsweisende Parole der Fans.

Ihr Einsatz sollte seine Wirkung nicht verfehlen. Die Werder-Profis gingen selbstbewusst ins Spiel und führten bereits nach 24 Minuten mit 2:0. Der Klassenverbleib war zum Greifen nah. Weil den Hoffenheimern in der Schlussphase aber noch der Ausgleich gelang, blieb die Erlösung für die Grün-Weißen aus.

Prägende Persönlichkeiten Cheftrainer Thomas Schaaf schaffte in seiner letzten Werder-Saison mit den Grün-Weißen den Verbleib in der Liga. Ab Mitte Februar arbeitete er an diesem Ziel mit dem neuen Geschäftsführer Thomas Eichin (Foto Mitte, re.). Kevin De Bruyne (2. Foto v. re., Mitte) und Sokratis (Foto re., li.) gehörten 2012/2013 zu den stärksten Spielern im Team.

Fotos: imago, C. Jaspersen, nordphoto, Pressefoto ULMER

▶ **Trotz dieses Tiefschlags** richteten die Zuschauer das Team sofort wieder auf. ‚ALLEz GRÜN' wurde kurzerhand verlängert, und eine Woche später gegen Eintracht Frankfurt begeisterten die Fans erneut mit einem emotionalen Kraftakt. „Man konnte die Unterstützung in der ganzen Stadt spüren, das hat uns enorm geholfen", stellte Mannschaftskapitän Clemens Fritz dankbar fest.

Dass die Partie gegen Frankfurt das letzte Spiel von Thomas Schaaf als Cheftrainer des SV Werder Bremen sein würde, ahnte zu diesem Zeitpunkt noch niemand. Mit dem nun sicheren Verbleib in Liga eins standen die Vorzeichen für die Saison 2013/2014 jedoch fest – und die Geschäftsführung ließ keine Zeit verstreichen, um die Planung für die neue Spielzeit anzupacken. „Nach dem Kraftakt sind wir der gemeinsamen Überzeugung, dass eine einvernehmliche Trennung für den geplanten Neustart das Beste ist", sagte Thomas Eichin im Namen der Geschäftsführung.

Am letzten Saison-Spieltag wurde die Mannschaft von Wolfgang Rolff und Matthias Hönerbach betreut. Beim 1. FC Nürnberg würdigten die Co-Trainer ihren langjährigen Chef, indem sie seinen Platz auf der Bank demonstrativ frei ließen. Die Spieler absolvierten ihr Aufwärmprogramm in extra angefertigten ‚Danke Thomas'-T-Shirts, und die Fans schickten ihr Team mit ‚Thomas Schaaf'-Gesängen in die Partie. Besondere Gesten für einen besonderen Trainer ...

Derart einschneidende Veränderungen hatte es beim SV Werder selten gegeben. Nach dem Weggang von Klaus Allofs endete im Sommer also auch die Ära Schaaf. 14 Jahre, 644 Spiele, ein Meistertitel, drei DFB-Pokalsiege, sechs Teilnahmen an der UEFA Champions League – all das gehörte ab sofort der Vergangenheit an. Die Grün-Weißen standen vor einem Neuanfang.

Verpflichtung von Robin Dutt – ein echter Coup

Mit der Verpflichtung von Cheftrainer Robin Dutt gelang dem SV Werder im Mai ein echter Coup. Das Profil des zuletzt als Sportdirektor beim Deutschen Fußball-Bund (DFB) tätigen Fußballlehrers hätte passender kaum sein können: Beim SC Freiburg meisterte Dutt ab 2007 überaus erfolgreich die Nachfolge des zuvor 16 Jahre wirkenden Trainer-Urgesteins Volker Finke. Das, und vor allem sein Ruf als hervorragender Nachwuchsförderer, machte den bodenständigen Familienvater für den SVW zum perfekten Mann.

Nicht nur in der sportlichen Führung, sondern auch im Profi-Kader standen im Sommer personelle Veränderungen an. Mit dem ausgeliehenen Kevin De Bruyne (zurück zum FC Chelsea) und Sokratis (zu Borussia Dortmund) verließen zwei der prägendsten Spieler der Vorsaison den Verein. Dafür konnte mit Nils Petersen der neben Aaron Hunt erfolgreichste Torschütze langfristig an den Verein gebunden werden. Neuzugang Cedrick Makiadi, Robin Dutt aus gemeinsamen Freiburger Tagen bestens bekannt, brachte eine gehörige Portion Erfahrung mit ins Team. Zudem wurde mit dem Italiener Luca Caldirola eines der vielversprechendsten Abwehrtalente Europas verpflichtet.

Apropos Talent: In der Nachwuchsförderung setzten die Grün-Weißen deutliche Zeichen. Felix Kroos und Özkan Yildirim erhielten neue Verträge, und auch strukturell stellte der Verein die Weichen für die Zukunft. Um junge Spieler künftig noch schneller in den Bundesliga-Kader bringen zu können, wurde die U 23 in die Profi-Abteilung integriert. Damit schufen die Verantwortlichen optima-

le Voraussetzungen für die Entwicklung eines jungen, erfolgshungrigen Werder-Teams.

Die ersten sportlichen Schritte des Neuanfangs absolvierten die Werderaner traditionell auf der Nordsee-Insel Norderney. Ein gewohntes Bild: Strandläufe, Fahrrad fahren, Krafttraining – neu war hingegen das intensive ‚Beschnuppern' zwischen Spielern und Trainer-Team. Robin Dutt nutzte die ersten Tage als Cheftrainer, um seine neuen Schützlinge kennenzulernen. Im Zillertal stießen dann die Nationalspieler zur Mannschaft, darunter auch die Neuzugänge Caldirola und Makiadi. Neben dem Defensivverhalten rückte auch hier das Thema Kommunikation in den Blickpunkt.

„**Es geht jetzt darum,** etwas aufzubauen", betonte Dutt bei einer Talkrunde mit rund 150 Fans. „Das ist kein Prozess, den man in ein paar Wochen Vorbereitung abgeschlossen hat." Die Testspiele nutzte der im Schwäbischen aufgewachsene Coach, um ausgiebig zu experimentieren. Erst zum Ende des dritten Trainingslagers im thüringischen Blankenhain sprach Dutt davon, dass sich allmählich eine potenzielle Startformation für den ‚Ernstfall' herauskristallisiere.

Eben jener geriet in der ersten Runde des DFB-Pokals jedoch zu einer großen Enttäuschung. Beim Drittligisten 1. FC Saarbrücken verloren die Grün-Weißen mit 1:3 nach Verlängerung. Man habe schlicht und einfach nichts von dem umgesetzt, was Robin Dutt vorgegeben hatte, befand Cedrick Makiadi. Auch Sebastian Mielitz war enttäuscht – trotzdem warnte der Keeper eindringlich davor, den ‚Kopf in den Sand zu stecken'. „Ich bin ein optimistischer Mensch und sage: Wir müssen einfach einen Sieg erzwingen." Und genau das taten die Werderaner bei ihren nächsten Bewährungsproben.

Zum Bundesliga-Auftakt gewann das Team ein insgesamt durchwachsenes Spiel bei Aufsteiger Eintracht Braunschweig knapp mit 1:0. Dass Siegtorschütze Zlatko Junuzovic von einem „dreckigen Sieg" sprach, störte nach dem Abpfiff niemanden. Viel wichtiger: Die Mannschaft konnte ihre Serie von zuvor 13 Liga-Spielen ohne Sieg ad acta legen.

Im ersten Heimspiel erarbeiteten sich die Grün-Weißen gleich den nächsten 1:0-Erfolg. „Dieses Team hat verinnerlicht, dass wir um jeden einzelnen Punkt kämpfen müssen und dass diese Saison als Arbeitsauftrag zu verstehen ist", sagte Dutt. Laufbereitschaft und Leidenschaft, Teamgeist und Siegeswille – diese Attribute zeigte das Werder-Team auch beim überzeugenden 2:0-Sieg im Nord-Derby. Beim Hamburger SV spielte der SVW, inzwischen verstärkt durch Linksverteidiger Santiago Garcia und Angreifer Franco Di Santo, bereits zum dritten Mal in der noch jungen Saison zu Null – genauso oft wie in der gesamten Vorsaison. Dass Rückschläge zu einem Neuaufbau dazugehören, wissen die Verantwortlichen dabei nur allzu gut. Nicht nur die Geschäftsführung, auch der Cheftrainer mahnt zur Geduld. Der Aufbau einer neuen, erfolgreichen Mannschaft erfordert harte und vor allem ausdauernde Arbeit.

Das Jahr 2013 wird in den Geschichtsbüchern des SV Werder sicher einen besonderen Platz einnehmen. Die Zeichen stehen auf Aufbruch, auch bei den Fans. Zum ersten Heimspiel fanden die Werder-Anhänger einmal mehr die passenden Worte. ‚Danke Thomas' stand auf ihrem riesigen Banner, gefolgt von einem ebenso großen ‚Auf geht's Robin'. Dem ist nichts hinzuzufügen.

Jörn Lange

Neue Hoffnungsträger *Trainer Robin Dutt und Geschäftsführer Thomas Eichin (Foto li., v. li.) formen seit Beginn der Saison 2013/2014 das neue Werder-Team – mit vielen jungen Spielern und einigen erfahrenen Routiniers. Und vor allem mit ganz viel Spaß am Fußball …*

Wahrzeichen an der Weser

Im Vergleich zur ersten Bundesliga-Saison vor gut 50 Jahren ist das Weser-Stadion heute kaum wiederzuerkennen. Das ‚Wohnzimmer' des SV Werder Bremen ist nicht nur eine der modernsten, sondern vor allem eine der traditionsreichsten Spielstätten im deutschen Profi-Fußball. Dort, wo die Weser einen großen Bogen macht, wurde – und wird – Fußballgeschichte geschrieben. Das Weser-Stadion ist mit seinen unverwechselbaren Flutlichtmasten und der markanten Photovoltaik-Fassade eines der bekanntesten Wahrzeichen an der Weser.

Es geht wieder los!

Nirgends ist die Vorfreude auf die Saison stärker zu spüren als beim traditionellen ‚Tag der Fans'. Mehr als 25.000 Werder-Begeisterte pilgerten 2013 zur offiziellen Saisoneröffnung im und am Weser-Stadion, um mit ihrem Team auf Tuchfühlung zu gehen. Auch der Wettergott erwies sich als echter Werderaner – und steuerte strahlenden Sonnenschein bei. Eben ein perfekter Werder-Tag…

Fotos: T. Grziwa

Werder hautnah

Wenn die Geschäftsführer sich zum Talk mit Mediendirektor Tino Polster einfinden, wenn die Profis der Grün-Weißen und das Trainerteam nach und nach auf die Bühne gerufen werden, dann greift es wieder um sich: das ‚Werder-Fieber'. Die Vorstellung von der Nummer 1 bis zur Nummer 44, von Sebastian Mielitz bis Philipp Bargfrede, gehört am ‚Tag der Fans' traditionell zu den Highlights. Ganz gleich, ob Bundesliga-Zeitzeuge der ersten Minute oder Fan-Nachwuchs, eines haben die Gäste bei der Saisoneröffnung stets gemeinsam: Ihr Herz schlägt für den SV Werder.

Foto: W. Schmitz

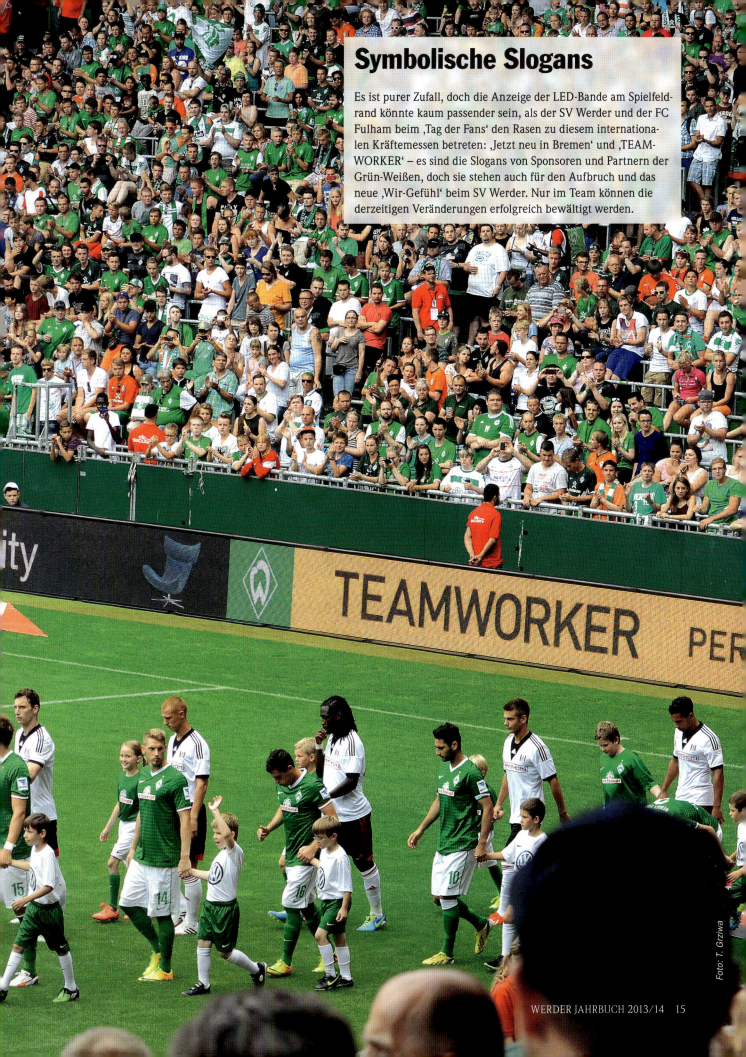

Symbolische Slogans

Es ist purer Zufall, doch die Anzeige der LED-Bande am Spielfeldrand könnte kaum passender sein, als der SV Werder und der FC Fulham beim ‚Tag der Fans' den Rasen zu diesem internationalen Kräftemessen betreten: ‚Jetzt neu in Bremen' und ‚TEAMWORKER' – es sind die Slogans von Sponsoren und Partnern der Grün-Weißen, doch sie stehen auch für den Aufbruch und das neue ‚Wir-Gefühl' beim SV Werder. Nur im Team können die derzeitigen Veränderungen erfolgreich bewältigt werden.

Begehrtes Motiv

Robin Dutt steht für den sportlichen Neuanfang beim SV Werder Bremen. Kein Wunder also, dass Autogramme und Fotos vom neuen Cheftrainer heiß begehrt sind. Auch Dutt genoss von Beginn an den engen Kontakt zu den Werder-Anhängern. Er sagt: „Es macht riesigen Spaß hier." Im Rahmen der offiziellen Saisoneröffnung feierte Dutt seine Premiere: Das Testspiel gegen den FC Fulham war sein erster Auftritt als Werder-Coach im Weser-Stadion.

Schöner Schein

„Es kann nicht immer nur die Sonne scheinen über dem Weser-Stadion" – diese realistische Einschätzung des ‚Auf und Ab' im Sport lässt Fans auch schwere Zeiten ihres Lieblingsclubs überstehen. In Bremen ist ein vorübergehendes ‚Ab' jedenfalls kein Grund, nicht mehr das Stadion ‚vollzumachen'. Schließlich will keiner die neuen Lichtblicke verpassen, die nach und nach für ein neues ‚Auf' sorgen – und dafür, dass über dem Weser-Stadion demnächst wieder dauerhaft die Sonne scheint.

Fotos: Pressefoto ULMER

Gänsehaut nach dem Zittern!

Dank der kaum vergleichbaren Identifikation, Solidarität und Unterstützung der gesamten Anhängerschaft meisterten alle Grün-Weißen, ob auf dem Rasen oder auf den Rängen, am Ende der Saison 2012/2013 die wochenlange sportliche Extremsituation, das Zittern um den Verbleib in der Liga. „Viele Mannschaften verlieren im Abstiegskampf Fans. Bei uns hat man das Gefühl, dass wir welche dazu gewonnen haben", stellte Sebastian Prödl fest. Und: „Auf jeden Fall waren die Fans in dieser Saison besser als wir."

Grüner geht's nicht

‚ALLEz GRÜN' – dieses Motto war an den letzten Spieltagen der Saison 2012/2013 Programm. Und es wurde einige Wochen später als ‚Beste Fan-Aktion des Jahres' mit dem ‚SPORT BILD Award' prämiert. „Wir konnten die Unterstützung in der ganzen Stadt spüren. Das hat uns sehr dabei geholfen, in der Liga zu bleiben", lobte Mannschaftskapitän Clemens Fritz.

Foto: T. Grziwa

‚ALLEz GRÜN'
– Teil 2

Am 33. Spieltag sorgten die grün-weißen Anhänger rund um das Heimspiel gegen Eintracht Frankfurt erneut für Gänsehaut-Atmosphäre. Wie schon eine Woche zuvor nahm ein Spalier aus mehreren Tausend Werder-Fans den Mannschaftsbus in Empfang, um das Team zu unterstützen. Besonders bemerkenswert: Etliche Fans hatten gar kein Ticket für die Partie, sondern kamen nur für diesen speziellen Augenblick ans Weser-Stadion. Bremen im grün-weißen Ausnahmezustand!

Maßgeblicher Beitrag

Kevin De Bruyne war in der Saison 2012/2013 der Mann für Werders Ecken, Freistöße und gefährliche Situationen aus dem Spiel heraus. Der belgische Nationalspieler, während seinem Jahr bei den Grün-Weißen gerade 21 Jahre alt, bestach auf dem Spielfeld durch seine beeindruckende Präsenz und entwickelte sich hervorragend weiter. Mit zehn Treffern und neun Torvorlagen trug De Bruyne maßgeblich zu Werders Verbleib in der Liga bei, ehe ihn der FC Chelsea im Sommer nach einem Jahr Ausleihe wie vereinbart zurück nach London beorderte.

Erste Eindrücke In der Saisonvorbereitung kommen meist die Fans ‚auf dem Land' in den Genuss der ersten Eindrücke von den Grün-Weißen. In diesem Fall war es das dritte Testspiel des Sommers, ein 1:1 gegen 1860 München, das im Trainingslager im österreichischen Zell am Ziller stattfand. Auch dort bewegt der SV Werder (hier Nils Petersen, re.) die Fans, nicht nur aufgrund der Kooperation der Grün-Weißen mit Partner ‚Zillertal'.

Foto: Pressefoto ULMER

Starkes Team

Für Clemens Fritz (2. v. li.) ist es bereits die dritte Saison als Mannschaftskapitän des SV Werder. Den Mannschaftsrat 2013/2014 komplettieren Zlatko Junuzovic, Nils Petersen, Vize-Kapitän Aaron Hunt, Sebastian Prödl und Neuzugang Cedrick Makiadi (v. li.). „Der Mannschaftsrat kümmert sich um die Belange der Mitspieler und vertritt das Team gegenüber dem Trainerstab und der Vereinsführung", erklärt Cheftrainer Robin Dutt (li.). Zum Team des neuen Chefcoaches gehören neben Co-Trainer Damir Buric (3. v. li.) auch Torwart-Trainer Marco Langner (2. v. re.) und Athletiktrainer Reinhard Schnittker (re.). Nicht im Bild ist Peer Jaekel, der Co-Trainer Videoanalyse.

Kraft und Stabilität aufbauen

Mit der Mannschaft die Grundlagen für die lange Spielzeit zu erarbeiten – das war die Aufgabe von Cheftrainer Robin Dutt (li.), Co-Trainer Damir Buric (re.) und ihrem Trainer-Team in insgesamt drei Trainingslagern. Kräftigungsübungen gehörten dabei auch auf Norderney, im Zillertal und in Blankenhain regelmäßig dazu. Schließlich galt es für jeden Spieler, Kraft und Stabilität aufzubauen. Dass Stabilität im gesamten Mannschaftsgefüge „in diesem Übergangsjahr", so Dutt, nicht von heute auf morgen zu erreichen ist, betonte der Coach vom ersten Tag an.

Geduldsprobe

Es ist nicht immer alles nur Hektik im schnelllebigen Fußball-Geschäft. Lukas Schmitz (im kleinen Foto mit Physiotherapeut Holger Berger) musste nach seinem Mittelfußbruch in der Saisonvorbereitung viel Geduld aufbringen, bevor er wieder auf den Rasen durfte. Dort galt es für den Linksverteidiger zunächst, hoch konzentriert und mit der nötigen Ruhe ein intensives Aufbauprogramm unter der Anleitung von Athletiktrainer Reinhard Schnittker zu absolvieren. Erst danach konnte Schmitz wieder ins Mannschaftstraining einsteigen.

‚Danke Thomas'

Werders Fans in der Ostkurve erinnerten im ersten Heimspiel der Saison 2013/2014 – zugleich das erste seit Mai 1999 ohne Thomas Schaaf – an ein Bild, das wohl keinem Anhänger der Grün-Weißen je aus dem Kopf gehen wird: Die Ankunft des Fliegers aus München am Bremer Flughafen am 10. Mai 2004 nach dem Gewinn des deutschen Meistertitels. Mit wehender Werder-Fahne in der rechten und Videokamera in der linken Hand hatte Schaaf aus dem geöffneten Cockpitdach heraus die zu Tausenden zum Flughafen gepilgerten Werder-Fans begeistert. ‚Danke Thomas' hieß die bombastische Stadion-Choreografie vor dem Augsburg-Spiel, die Schaafs einzigartige Leistung in 14 Jahren als Werder-Cheftrainer würdigte.

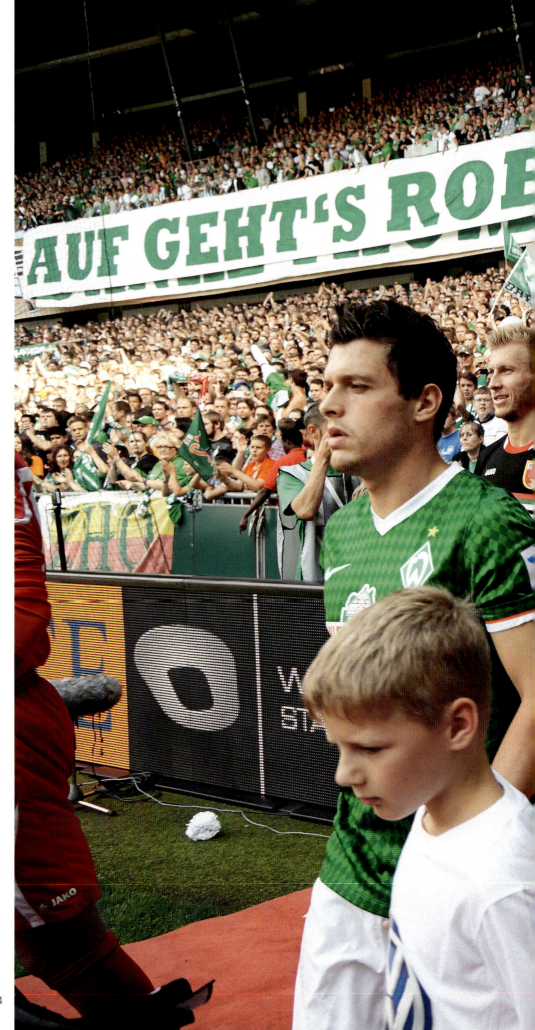

‚Auf geht's Robin'

Im Anschluss an die Abschieds-Choreografie für Thomas Schaaf gaben die Werder-Fans ihrem neuen Cheftrainer Robin Dutt unterstützende Worte mit auf den Weg in eine lange Spielzeit. Sein Einstand gelang: Nach 90 nervenaufreibenden Minuten gegen den FC Augsburg verdienten sich aufopferungsvoll kämpfende Werderaner beim 1:0 den ersten Heimsieg der Saison. Dutt unterstrich, was für weitere Siege nötig sein wird: „Die Mannschaft hat in den vergangenen Wochen verinnerlicht, dass wir um jeden einzelnen Punkt kämpfen müssen. Heute wurden wir dafür belohnt, es war eine großartige Willensleistung."

Da geht's lang

Robin Dutt gibt seit dieser Saison die sportliche Richtung beim SV Werder vor. „Ich will der Mannschaft einen attraktiven Spielstil vermitteln", sagt der Cheftrainer, mahnt dabei aber zur Geduld. Dutt ist ein harter und gewissenhafter Arbeiter – und vor allem Realist. „Die Entwicklung einer Mannschaft ist vergleichbar mit dem Wachstum einer Pflanze", betont der Fußballlehrer. „Sie wächst nicht schneller, wenn man daran zieht."

Foto: A. Gumz

Der Kapitän geht voran

Er ist ein Vorbild in Sachen Einsatz, Leidenschaft und Professionalität: Clemens Fritz. Mit seiner Erfahrung aus zehn Jahren Bundesliga ist der Kapitän ein unverzichtbarer Führungsspieler, in seiner achten Werder-Saison eine echte Identifikationsfigur an der Weser. Für die vielen Jungen ist der einzige Ü-30-Spieler im Kader eine wichtige Stütze. Hier setzt er sich im Zweikampf gegen Petr Jiracek vom Hamburger SV durch – in seinem Windschatten Assani Lukimya. Beim Norderby im September an der Elbe bereitete Fritz zudem den wichtigen 1:0-Führungstreffer durch Nils Petersen vor.

Wenn drei sich streiten…

… freut sich oft Zlatko Junuzovic (und in dieser Szene nicht seine beiden Freiburger Gegenspieler). Denn der Österreicher ist zweikampfstark, hartnäckig und gibt keinen Ball verloren. Zudem setzt ‚Juno' auch offensiv Akzente. Allerdings konnte auch er nicht verhindern, dass diese Partie gegen den SC Freiburg Mitte Oktober 2013 im Weser-Stadion torlos endete. Es war das erste 0:0 der Saison 2013/2014 in der gesamten Liga – und das erst am 9. Spieltag.

Leidenschaft pur!

Etwas glücklich war es, das 1:1 im Auswärtsspiel beim VfB Stuttgart Anfang Oktober 2013. Doch es war auch ein Punktgewinn der Leidenschaft. Den anrennenden Gastgebern, die zahlreiche Torchancen hatten, stellten sich die Werderaner leidenschaftlich entgegen und boten eine wahre Abwehrschlacht. „Wir haben im Zentrum defensiv sehr gut gestanden", lobte Geschäftsführer Thomas Eichin die grün-weiße Abwehrwand, die in dieser Szene aus Nils Petersen, Theodor Gebre Selassie, Santiago Garcia, Sebastian Prödl und Felix Kroos (v. li.) besteht.

Gestatten, Caldirola…

Er ist der erste Italiener, der jemals ins Trikot von Werders Bundesliga-Mannschaft geschlüpft ist: Luca Caldirola fühlt sich besonders in der Abwehrmitte wohl, kann aber auch auf der linken Seite verteidigen und hat sich auf Anhieb einen Stammplatz erkämpft. „Zu Werder konnte ich nicht Nein sagen", schwärmt der erst 22 Jahre alte Linksfuß, der an der Weser den nächsten Karriereschritt machen will. Er ist ein Mann mit jeder Menge Potenzial – das wissen auch Werders Verantwortliche. Und dass die Grün-Weißen in den ersten beiden Saisonspielen – wie hier in Braunschweig – ohne Gegentor blieben, war auch ein Verdienst von Caldirola.

Nächste Schritte

Sowohl Felix Kroos (FC Hansa Rostock) als auch Nils Petersen (FC Carl Zeiss Jena, FC Energie Cottbus, re.) wurden bei Traditionsvereinen im Osten Deutschlands ausgebildet und verdienten sich dort ihre ersten Sporen im Profi-Fußball. Der SV Werder setzt auch in der Zukunft auf die beiden und konnte sie langfristig an den Verein binden. Petersen will an die Torjäger-Tradition mit großen Vorgängern wie Rudi Völler, Karl-Heinz Riedle und Miroslav Klose anknüpfen. Felix Kroos, ballsicher und mit ausgezeichnetem Spielverständnis, setzt seine erfolgreiche Etablierung im Bundesliga-Team auch unter Robin Dutt fort.

Foto: picture-alliance

Leuchtturm an der Weser

Mit 1,94 Meter Körpergröße gehört Sebastian Prödl (re., hier mit Theodor Gebre Selassie) zu den längsten Spielern im Kader des SVW. Darüber hinaus ist er inzwischen auch einer der dienstältesten Werder-Kicker; 2008 wechselte der Österreicher in den hohen Norden. Trainer Robin Dutt sprach dem Nationalspieler in der Vorbereitung das Vertrauen aus und übertrug ihm zugleich noch mehr Verantwortung. Im Abwehrzentrum ist Prödls Kopfballstärke ebenso gefragt wie seine Fähigkeiten als Organisator.

Spieler mit Köpfchen

Trotz seiner nur 177 Zentimeter Körpergröße ist Cedrick Makiadi ein guter Kopfball-Spieler. Und ein Typ Profi, der über ‚Köpfchen' und Spielintelligenz verfügt. Er brachte eine gehörige Portion Erfahrung mit ins Team – und füllt damit eine wichtige Lücke beim SV Werder. „Man braucht Spieler, die auch in schwierigen Zeiten die jüngeren mitziehen können", sagt Makiadi. Als ‚Sechser' ist der gebürtige Kongolese immer mitten im Geschehen und in der perfekten Position, um Verantwortung zu übernehmen.

Im Gleichgewicht

Auch wenn er in diesem Zweikampf kurzzeitig die Balance verliert – Aaron Hunt ist mit seinem (Fußball-)Leben im Gleichgewicht. Im Jahr 2001 zog er als 14-Jähriger nach Bremen, mit außergewöhnlichem fußballerischen Talent gesegnet. Er musste früh auf eigenen Beinen stehen, um sich seinen Traum vom Profi-Fußball zu erfüllen. Heute ist Hunt Vize-Kapitän des aktuellen Werder-Teams und für Trainer Robin Dutt der „Chef in der Offensive".

Mit vereinten Kräften...

... wollen die Werder-Profis dafür sorgen, dass ‚Abstiegskampf' in Bremen künftig wieder zu einem Fremdwort wird. Im Spiel bei Borussia Dortmund Ende August 2013 stemmten sich die Grün-Weißen (hier: Theodor Gebre Selassie und Özkan Yildirim, v. li.) verbissen gegen die Offensiv-Power des Champions-League-Finalisten. Am Ende stand eine knappe 0:1-Niederlage. Dafür waren die Werderaner nach den beiden Treffern im Nord-Derby gegen den Hamburger SV drei Spieltage später obenauf und durften einen 2:0-Erfolg bejubeln (Foto li.).

Nicht zurück-schauen...

... nur nach vorne! Das ist das Geheimnis, wenn es mal nicht ganz so läuft wie erhofft. Schnell kann aus einem Platz auf der Bank ein Platz in der Startelf werden. Auch wenn Eljero Elia und Aleksandar Ignjovski (Foto re.) ganz unterschiedliche Spielertypen sind – eins haben sie gemeinsam: Sie sind bereit, für den Erfolg beim SV Werder alles zu geben. Und das wird belohnt: Für Cheftrainer Robin Dutt sind sowohl der Niederländer als auch der Serbe wichtige Elemente des Teams. Der Coach hat Vertrauen in seine Mannschaft und kündigte zu Beginn der Spielzeit an: „Viele Spieler werden in dieser Saison viele Spiele machen."

Zuverlässiger Allrounder

Ob als linker oder rechter Verteidiger, als Einwechselspieler oder in der Startformation – Theodor Gebre Selassie gehört zu den ‚Allzweckwaffen' des SV Werder. Schon in seiner ersten Bundesliga-Saison kam ‚Theo' auf 27 Einsätze und unterstrich mit einem Tor und zwei Torvorlagen, dass er auch offensiv für Gefahr sorgen kann – vielseitige Qualitäten, die jeder Trainer zu schätzen weiß.

Lautstarke Identifikation

Vor mittlerweile mehr als fünf Jahren wechselte Sebastian Prödl von Sturm Graz an die Weser. Cheftrainer Robin Dutt (Foto re.) schrieb dem Österreicher, der zu den dienstältesten Werder-Profis gehört, vor dieser Saison eine wichtige Rolle in der Innenverteidigung der Grün-Weißen zu. Eine große Herausforderung für Prödl, für den es gilt, nicht nur mit guten Leistungen zu überzeugen, sondern die Mannschaft auch lautstark mit zu führen.

Defensive Stärken

Die Null steht – schon nach wenigen Spieltagen der Saison 2013/2014 konnte Werder-Torhüter Sebastian Mielitz (Foto re., mit Eljero Elia) das häufiger behaupten als in der gesamten Vorsaison. Zur Stärkung der Defensive verpflichteten die Grün-Weißen im Sommer mit Luca Caldirola (Foto oben) einen Spieler mit beeindruckender Vita. In Italien durchlief er unter anderem sämtliche Jugend-Nationalteams. Vorläufiger Höhepunkt: 2013 stand der Innenverteidiger mit seiner Mannschaft im Finale der U-21-Europameisterschaft und wurde nach dem Turnier ins All-Star-Team gewählt.

Foto: Pressefoto ULMER

Foto: imago

Drei Spielertypen – ein Fokus!

Aaron Hunt (Foto oben li.), Aleksandar Ignjovski (Foto unten li.) und Clemens Fritz: drei unterschiedliche Spielertypen in der Mannschaft des SV Werder. Hunt, der kreative Kopf und offensive Taktgeber des Spiels. ‚Iggy', der aufopferungsvolle Kämpfer, vielseitig auf so gut wie allen Positionen einsetzbar. Und Fritz, der Kapitän, die Führungspersönlichkeit der Grün-Weißen und unermüdlicher Antreiber auf der rechten Außenbahn. Alle drei sind fokussiert – auf die sportlich erfolgreiche Zukunft der Grün-Weißen.

Neue Chancen

Für Mehmet Ekici (Foto oben) ergeben sich unter dem neuen Cheftrainer Robin Dutt neue Perspektiven. In seiner dritten Saison beim SV Werder will ‚Memo' weitere Schritte machen, um ein echter Leistungsträger im Team zu werden. Neuland betrat Angreifer Franco Di Santo mit seinem Wechsel in die Bundesliga. Geschäftsführer Thomas Eichin hatte die argentinische Frohnatur schon kurz nach seinem Amtsantritt in Bremen auf dem Zettel und lotste ihn im Sommer vom englischen Club Wigan Athletic an die Weser. „Er ist ein neuer Spielertyp, eine weitere Alternative, die uns gut tut", sagt Aaron Hunt über den neuen Kollegen.

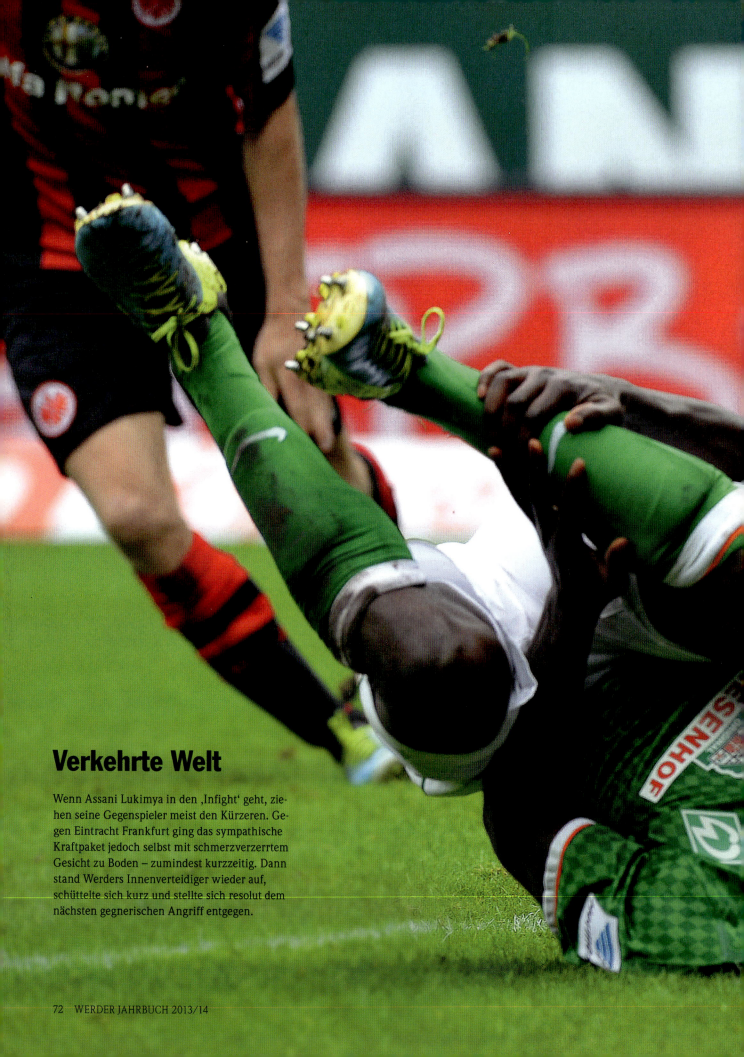

Verkehrte Welt

Wenn Assani Lukimya in den ‚Infight' geht, ziehen seine Gegenspieler meist den Kürzeren. Gegen Eintracht Frankfurt ging das sympathische Kraftpaket jedoch selbst mit schmerzverzerrtem Gesicht zu Boden – zumindest kurzzeitig. Dann stand Werders Innenverteidiger wieder auf, schüttelte sich kurz und stellte sich resolut dem nächsten gegnerischen Angriff entgegen.

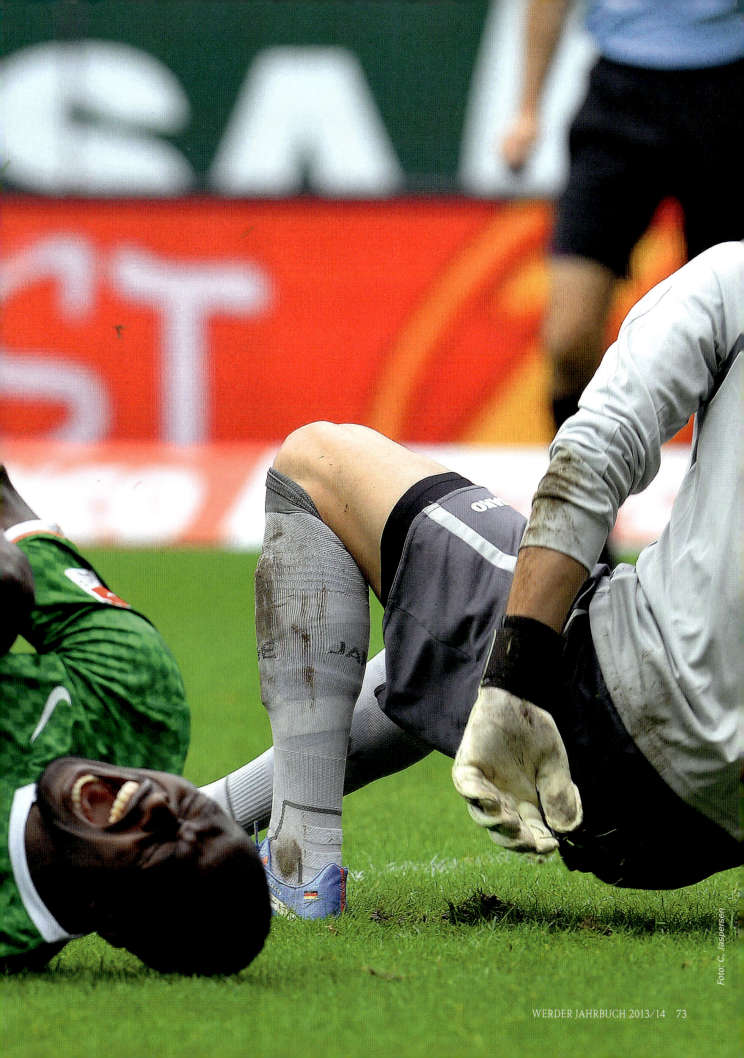

Bauchschmerzen…

… bereitete Cedrick Makiadi das Angebot des SV Werder im Sommer nicht. Schnell war dem erfahrenen Mittelfeldspieler klar: ‚Ich will nach Bremen'. Schließlich bedeutete der Wechsel für den gebürtigen Lübecker, der zuletzt beim SC Freiburg gespielt hatte, die Rückkehr in den Norden. Seine Ehefrau Stefanie hatte Makiadi zudem in seiner Zeit beim VfL Wolfsburg kennengelernt. Mit Cheftrainer Robin Dutt arbeitete der kongolesische Nationalspieler bereits in Freiburg zusammen. Viele gute Gründe also, die für den SV Werder sprachen, nicht zu vergessen natürlich das tolle Umfeld des Clubs und die hohe Lebensqualität in Bremen …

Foto: imago

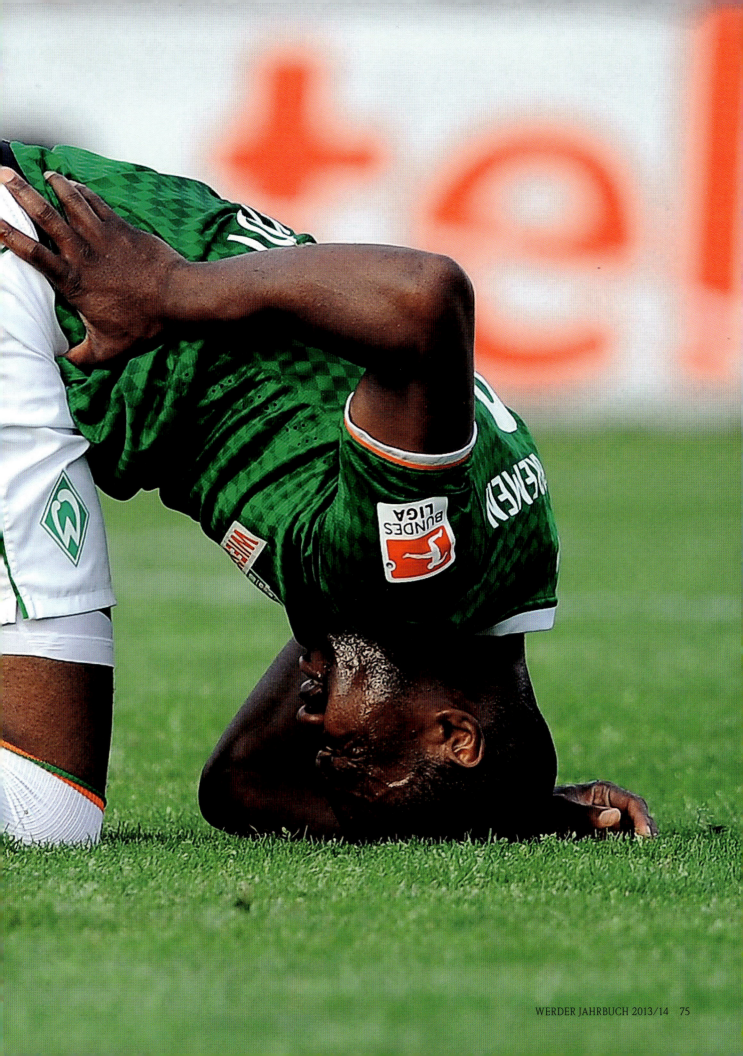

Foto: Pressefoto ULMER

An die Hand nehmen

Als Abstiegskandidat wurde der SV Werder vor der Saison 2013/2014 gehandelt. Geschäftsführer Thomas Eichin (Foto oben, li.) stellte sich diesem Gegenwind von Beginn an energisch und überzeugt entgegen und nahm die Spieler für den gemeinsamen Weg an die Hand: „Es ist für uns ein Neubeginn, eine neue Weichenstellung. Frische Gesichter, die ihre Chance suchen, bekannte Gesichter, die sich mit diesem Aufbruch hundertprozentig identifizieren. Rückschläge sind inbegriffen, aber es wird auch viele Lichtblicke geben." Die besonnenen Mittelfeld-Antreiber Zlatko Junuzovic (oben) und Felix Kroos (re.) passen perfekt ins Anforderungsprofil des aktuellen Werder-Teams.

Vertrauen in die Talente

Cheftrainer Robin Dutt baut auf junge Spieler wie Özkan Yildirim. Der Coach gibt ihnen Rückendeckung, verzeiht Fehler, erwartet aber im Gegenzug, dass die Nachwuchskräfte ihr Talent nicht verschleudern, sondern dass sie es paaren mit Ehrgeiz, Disziplin und intensiver Arbeit. Hier, nach dem 1:0-Erfolg bei Eintracht Braunschweig zu Beginn der Saison 2013/2014, scheint Dutt zu Yildirim zu sagen: „Siehst du, mein Junge, dafür arbeiten wir, für solche Erfolgserlebnisse. Gut gemacht!"

Die ‚Elli'-Explosion

Nicht zu halten: Im Heimspiel gegen den 1. FC Nürnberg Ende September drehte Offensiv-Allrounder Eljero Elia mächtig auf. Der Niederländer verdiente sich nicht nur Bestnoten in Sachen Einsatzfreude, sondern schoss auch seine ersten Bundesliga-Tore im Trikot des SV Werder. Und was für welche! Erst ein herrlicher Direktschuss von der Strafraumgrenze zur zwischenzeitlichen 2:0-Führung, dann ein Fernschuss aus gut 25 Metern zum 3:2. Nach dem ersten Treffer ging es schnurstracks zur Bank, als Dank für die stete Unterstützung. Geschäftsführer Thomas Eichin sagte später über die ‚Elli'-Explosion: „Er ist auf einem guten Weg, arbeitet viel für die Mannschaft und zahlt das Vertrauen des Trainers zurück."

Aufwärts!

Eljero Elia und Zlatko Junuzovic (Foto li., v. li.) machen es vor: Arme hoch, Brust raus und ein Lächeln im Gesicht. Selbstbewusstsein demonstriert auch Assani Lukimya (Foto oben). Diese Saison ist für die Grün-Weißen eine große Herausforderung, aber es gibt keinen Grund, sich zu verstecken. „Zwar fehlt noch etwas Cleverness und Erfahrung, aber die Tendenz ist klar positiv", sagte Junuzovic in der Hinrunde über den Entwicklungsstand des Teams. „Das merkt man als Spieler auf dem Platz. Und ich habe das Gefühl, dass unsere Fans das auch merken."

ins Herz geschlossen

Das ließ sich gut an für Franco Di Santo. Beim Auswärtsspiel in Dortmund feierte er Ende August ein gelungenes Bundesliga-Debüt, verpasste kurz nach seiner Einwechslung nur knapp seinen ersten Treffer. Weniger gelungen verlief die Startelf-Premiere des Argentiniers drei Wochen später: Bereits in der 24. Minute sah er nach einem Foul an Frankfurts Bastian Oczipka die Rote Karte. Nach Ablauf der fälligen Sperre setzte den 24-Jährigen ein Muskelfaserriss weitere Wochen außer Gefecht. Dennoch haben den Angreifer nicht nur Eljero Elia und Mehmet Ekici (Foto re.) bereits fest ins Herz geschlossen.

Foto: imago

Den Bann gebrochen

Welch ein Debüt für Santiago Garcia in der Bundesliga! Der Argentinier überzeugte nicht nur mit großem Laufpensum und Einsatzfreude, sondern feierte gleich in seinem ersten Spiel mit seinem Team den 2:0-Sieg im Nordderby beim Hamburger SV. Ein wichtiger Sieg für die Grün-Weißen, mit wichtigen Toren von und für Nils Petersen (Foto re.). 1.366 Minuten hatte der Torjäger zuvor auf einen Bundesliga-Treffer gewartet. Nun gelang ihm sogar ein ‚Doppelpack'. Kein Wunder, dass die Freude riesig war und beim Jubel jede Menge Anspannung abfiel.

Leader des Neuanfangs

Aaron Hunt hat den DFB-Pokal-Gewinn 2009 miterlebt, dazu zwei Vize-Meisterschaften, das UEFA-Cup-Finale und die Champions-League-Jahre. Nun spielt der 27-Jährige eine gewichtige Rolle bei der Neuausrichtung der Mannschaft. Hunts Eindrücke der ersten Monate: „Die Fans erkennen, dass wir eine echte Mannschaft sind, bei der noch nicht alles klappt, die aber großen Willen und Einsatz mitbringt." Dieser Teamgeist macht auch Eljero Elia stark, der so konstant und zuverlässig spielt wie nie zuvor in seiner Werder-Zeit.

Fotos: nordphoto

Träger des gelben Trikots

Wie bei der ‚Tour de France' trägt auch beim SV Werder die Nummer eins das Gelbe Trikot. Und das will Sebastian Mielitz auch auf den nächsten Etappen seiner Karriere verteidigen. „Wir haben junge Spieler, die jedes Jahr ein bisschen besser werden – Sebastian ist ein gutes Beispiel dafür", sagt Geschäftsführer Thomas Eichin. ‚Miele' bringt alles mit, um die Tradition großer Werder-Torhüter fortzusetzen. Das Bad in der Menge – auch ein Phänomen der Radrennfahrer bei der ‚Tour de France' – übernimmt derweil Santiago Garcia. Sein Jubel mit den Fans ist bereits Kult bei den Grün-Weißen.

Strahlende Sieger Spezialität Nord-Derby: Eintracht Braunschweig, Hamburger SV, Hannover 96 – sie alle hatten in der Hinrunde der Saison 2013/2014 das Nachsehen gegen die Grün-Weißen. Lediglich bei einem Nordkonkurrenten, dem VfL Wolfsburg, musste sich der SV Werder geschlagen geben. Und dass gerade bei erfolgreichen Nord-Derbys der Jubel besonders groß ist, das haben nicht nur die neuen Spieler, sondern das hat auch das neue Trainer-Team mit Marco Langner, Robin Dutt und Damir Buric (Foto re., v. li.) sofort verinnerlicht.

Emotionen in der Kurve

Das sind Gänsehaut-Momente, die im Gedächtnis bleiben. Es sind Bilder, bei denen es jedem Werder-Fan eiskalt den Rücken herunterläuft. Besondere Tore werden besonders bejubelt. Das Feiern vor der Kurve der grün-weißen Fans ist ein Highlight, auch auswärts. „Ich hätte zehn Stunden vor der Kurve schreien können", sagte Zlatko Junuzovic (Foto li.) nach dem Spiel über seinen 1:0-Siegtreffer bei Eintracht Braunschweig. „Unsere Fans sind einfach der Wahnsinn und haben uns überragend unterstützt." Ebenso mitreißend wie sportlich wichtig war der von Kapitän Clemens Fritz (Foto re.) sehenswert vorbereitete 1:0-Führungstreffer durch Nils Petersen beim Hamburger SV – die Grundlage für den Derby-Sieg im September 2013.

Positive Energie

Cheftrainer Robin Dutt blickte bei seinem Amtsantritt in Bremen kurz auf die Vorsaison zurück und verriet, was er der Mannschaft am ersten Tag mit auf den Weg gegeben hatte: „Ich habe an den Teamgeist appelliert, der gerade in den letzten Spielen der vergangenen Spielzeit deutlich zum Vorschein kam. Da hat man gemerkt, dass Mannschaft und Fans den Abstieg unbedingt vermeiden wollten und alles dafür geben. Diese positive Energie muss auch jetzt ab dem ersten Tag da sein." Assani Lukimya, Cedrick Makiadi, Aaron Hunt und Sebastian Prödl (v. li.) haben sich Dutts Worte zu Herzen genommen und versprühen hier jede Menge Freude am Fußball und positive Energie.

Hand in Hand

Das Zusammenspiel zwischen Defensive (hier Torwart Sebastian Mielitz, li.) und Offensive (hier Torjäger Nils Petersen, 2. v. li.) klappt auch nach dem Abpfiff perfekt … Während des Spiels geht Nils Petersen weite Wege, um in vorderster Front die Abwehrarbeit zu unterstützen. Defensive Mittelfeldspieler wie Felix Kroos und Aleksandar Ignjovski (re.) helfen dafür mit, das Angriffsspiel der Grün-Weißen anzukurbeln. Nicht immer klappt das bereits über 90 Minuten. Im Heimspiel gegen den 1. FC Nürnberg Ende September gelang der Mannschaft eine 2:0-Führung. Am Ende mussten sich die Werderaner jedoch mit einem 3:3 begnügen. Enttäuschung und Erschöpfung waren den Spielern danach ins Gesicht geschrieben.

Den Augenblick genießen

Am zweiten Spieltag der Saison 2013/2014 sicherte Mehmet Ekici den Grün-Weißen mit seinem Fernschuss zum 1:0-Siegtreffer gegen den FC Augsburg drei wichtige Punkte. Und hatte danach allen Grund, strahlend die Fans in der Ostkurve abzuklatschen. „Seine Entwicklung läuft parallel zur Entwicklung des Teams. ‚Memo' hat viele harte Schritte hinter sich, er macht viele kleine Schritte nach vorn. Letztes Jahr war er kein Stammspieler, die Wettkampfausdauer muss er erst wieder aufbauen", sagt Cheftrainer Robin Dutt. „Dafür bekommt er Zeit."

Fußball-verrückt

Können Neue genau so leidenschaftlich für einen Club arbeiten, wie jene, die ihm seit vielen Jahren verbunden sind? Geschäftsführer Thomas Eichin und Cheftrainer Robin Dutt (re.) geben die Antwort: Ja, sie können! Und deshalb ist das neue sportliche Führungs-Duo ein Glücksfall für den SV Werder. Denn beide nehmen die gleichermaßen spannende wie anspruchsvolle Herausforderung an und wollen den Club in eine erfolgreiche Zukunft führen – positiv gestimmt und aufgeschlossen, aber gleichsam ehrlich und realistisch in ihren Zielsetzungen. Und vor allem leidenschaftlich…

‚My last game in green'

Ein größeres Star-Aufgebot hatte das Weser-Stadion selten gesehen: Zahlreiche Werder-Legenden machten das letzte Spiel von Torsten Frings zu einem unvergesslichen Fußballabend.

Diese Partie wollte sich wirklich niemand entgehen lassen. Egal, ob Dieter Eilts, Johann Micoud, Ailton oder Diego – sie alle kamen am 7. September 2013 ins Weser-Stadion, um ein letztes Mal mit dem Mann auf dem Platz zu stehen, für den der SV Werder stets eine Herzensangelegenheit war und immer noch ist. Schon die Teamvorstellung sorgte für Gänsehaut-Momente wie am Fließband. Vor den Augen von 42.000 begeisterten Fans wurde die Vergangenheit des SV Werder wieder lebendig. Auch Thomas Schaaf kehrte erstmals in sein ‚Wohnzimmer' zurück – und wurde von den Zuschauern minutenlang gefeiert. Für Torsten Frings war der Coach wohl der wichtigste aller Gäste. Sein ‚Last game in green' war auch ein Abschiedsspiel für

Und die Partie selbst wurde ein einziger, grün-weißer Rausch… ‚Le Chef' Micoud und ‚Kugelblitz' Ailton harmonierten wie zu besten Zeiten. Werders Rekordtorjäger Marco Bode verzückte die Fans mit einem wagemutigen Fallrückzieher. Und Torwart Tim Wiese, von den Zuschauern lautstark als Elfmeterschütze gefordert, strahlte an alter Wirkungsstätte mit dem Flutlicht um die Wette. Als jenes nach gut 80 Minuten erlosch, hängte Frings seine Fußballschuhe endgültig an den Nagel. „Hier fing alles an", sagte er zu Tränen gerührt. „Vom ersten Tag an habe ich mich in Bremen wohlgefühlt. Werder ist mein Verein, ich bin zu 100 Prozent Werderaner." Daran wird sich vorerst nichts ändern, als Coach Trainee bleibt er den Grün-Weißen erhalten. Vielen Dank für ein letztes großes Spiel, Torsten Frings. Und alles Gute für die Zukunft!

Fotos: C. Heidmann, nordphoto

‚Best' of SV Werder

‚Lutscher' rief – und alle kamen: Ailton und Johan Micoud, Marco Bode und Tim Wiese. Und nicht zu vergessen Thomas Schaaf. Auch wenn sich bei einigen das ‚Kampfgewicht' mittlerweile erhöht hat, fühlen sich die einstigen Werder-Stars in ihrer früheren Rolle immer noch wohl. Micoud als ‚Le Chef', Ailton als ‚Kugelblitz' und Marco Bode im Strafraum mit einem unnachahmlichen Fallrückzieher.

Außergewöhnliche Atmosphäre

„Ich bin überwältigt", sagte Torsten Frings am Ende sichtlich bewegt. Maßgeblichen Anteil an seinem außergewöhnlichen Abschiedsspiel hatte das fantastische Publikum im ausverkauften Weser-Stadion. „Es war eine Gänsehaut-Atmosphäre. Auch Spieler, die in der Vergangenheit im Weser-Stadion eher Gegner waren, wurden mit Applaus empfangen. Das war sehr beeindruckend", sagte Formel-1-Legende Michael Schumacher, der zu den Akteuren auf dem Rasen gehörte. Begleitet von einer spektakulären Lasershow verneigten sich alle noch einmal vor Frings' großer Karriere.

Ein Leben für die Raute

Nur wenige Spieler verkörpern Werder-Leidenschaft so sehr wie Torsten Frings. Und so sorgte die überdimensionale Raute der beeindruckenden Lasershow für den emotionalen Schlusspunkt seines ‚Last game in green'. Zuvor hatten seine beiden Töchter Lena-Alina und Lisa-Katharina ihren Vater per Stadionmikrofon mit den Worten „Papa, jetzt ist Schluss" vom Spielfeld geholt. „Als ich gesehen habe, dass meine Kinder plötzlich auf den Platz kommen, war alles vorbei", beschrieb Frings später diesen emotionalen Moment. Noch eine letzte Ehrenrunde, dann verließ Frings den Rasen des Weser-Stadion. Wer das Werder-Idol weiterhin erleben will, dem sei der Besuch im Stadion ‚Platz 11' empfohlen, wo Frings nun im Rahmen eines Trainee-Programms im Trainer-Team von Viktor Skripnik bei der U23 mitarbeitet.

Spieler mit Perspektive

Die Mischung macht's: Junge und alte, erfahrene und aufstrebende, große und kleine, ruhige und extrovertierte: 27 Spieler gehörten nach Ende der Transferperiode im Sommer 2013 zum Bundesliga-Kader der Grün-Weißen, unter ihnen Raphael Wolf, Levent Aycicek, Aleksandar Ignjovski, Özkan Yildirim, Mateo Pavlovic und Assani Lukimya (v. re.). Und regelmäßig kamen danach neue, junge aus Werders U 23 hinzu und feierten ihr Bundesliga-Debüt – Spieler mit Perspektive, die sich nach dem Sprung ins kalte Wasser schnell in der Liga freischwimmen wollen.

MIETEN. FAHREN. ERLEBEN.
www.caro.info

Schiriiiii, wir wissen woher du dein Auto hast ...

... von CARO!

CARO macht nicht nur Schiedsrichter mobil. Profitieren auch Sie von unseren wechselnden PKW & LKW - Angeboten. Wir sind bundesweit für Sie da!

Übrigens: Ab Januar 2014 bietet CARO auch Elektromobilität der Luxusklasse an. Informieren Sie sich jetzt auf **www.caro.info**.

Harte Landung

Vier Mal in Folge stand Tom Trybull im März und April 2013 in der Bundesliga in der Startelf der Grün-Weißen, holte mit dem Team wichtige Punkte für den Verbleib in der Liga. Dann stoppte ihn eine langwierige Fußverletzung, und der talentierte Mittelfeldspieler wurde schmerzhaft auf den Boden zurückgeholt. Über die U 23 kämpft sich Trybull wieder ans Profi-Team heran.

Foto: picture-alliance

fair-play auf allen rängen

mit uns werden veranstaltungen
zu einem sicheren vergnügen

elko & Werder Security GmbH
Tel. (0421) 53 63-06 · **www.elko.de**

Vom Pech verfolgt

Gemeinsam mit seinem Team verscheuchte Philipp Bargfrede am 33. Spieltag der Saison 2012/2013 endgültig das ‚Abstiegsgespenst': Doch die Partie gegen Eintracht Frankfurt im Weser-Stadion war für mehrere Monate sein letztes Spiel für den SV Werder. Denn in der Vorbereitung auf die neue Spielzeit, kurz nach dem Trainingsauftakt, verletzte sich der gebürtige Zevener schwer am Knie und musste lange pausieren. Kopf hoch, Philipp!

Fotos: imago

Im Weser-Stadion ist alles ein bisschen grüner

EWE und swb sorgen für innovative Energieerzeugung

Als eines der fortschrittlichsten Energieunternehmen Deutschlands zeigen wir ganz besonderen Einsatz für den Ausbau erneuerbarer Energien. Im Weser-Stadion entstand zum Beispiel in Zusammenarbeit mit swb die weltweit größte gebäudeintegrierte **Photovoltaikanlage** auf einem Sportstadion. Gemeinsam haben wir auch das Blockheizkraftwerk im Stadion realisiert: die **Heizzentrale Süd/West**, in der Strom und Wärme ebenso effizient wie umweltfreundlich erzeugt werden. Und das sind nur zwei unserer Projekte für eine Zukunft mit der richtigen Energie.

Energie. Kommunikation. Mensch. | www.ewe.de

Fliegen und dirigieren

Wer zwei solch starke Torhüter hinter sich hat, die täglich im Training mit guter Arbeit auf ihren Einsatz drängen, der muss eine echte Nummer eins sein: Sebastian Mielitz spürt den Atem von Raphael Wolf (Foto oben) und Richard Strebinger (Foto unten) im Nacken. Beide sind noch jung, können aber bereits Einiges in die Waagschale werfen: Wolf die Erfahrung aus 104 Erstliga-Spielen in Österreich und Strebinger Einsätze in der U-21-Nationalmannschaft Österreichs.

Foto: Pressefoto ULMER

Foto: picture-alliance

Kleine Kicker, große Momente

Beim EWE Cup – dem Fußballturnier Norddeutschlands

Das größte E-Jugend-Turnier in Norddeutschland begeistert gerade wieder Groß und Klein:

- 120 Teams treten in packenden Spielen gegeneinander an
- 1 Jahr Hochspannung und ein großes Finale im Weser-Stadion
- Dazu tolle Volltreffer-Preise und Trikotpakete für alle Teams

Mehr Infos unter: www.ewe-cup.ewe.de

Energie. Kommunikation. Mensch. | www.ewe.de

Aufmarsch der Idole
Ob alleine oder mit 40.000 anderen – die Bewunderung für die grün-weißen Bundesliga-Stars ist groß. Wohl dem, der dabei auf dem Boden bleibt. „Junge Spieler haben bei mir keine Chance abzuheben", sagt Cheftrainer Robin Dutt. Behutsam werden die Talente an den Profi-Fußball herangeführt und dennoch von Beginn an in die Verantwortung genommen. Ob auch dieser kleine Fan (Foto oben) von der ganz großen Bundesliga-Karriere beim SV Werder träumt?

GEWACHSEN: SEBASTIAN MIELITZ

Ein Torwart-Zwerg war ‚Miele' noch nie. Und in seiner zweiten Saison als Nummer eins des SV Werder gehört er inzwischen zu den ganz Großen zwischen den Bundesliga-Pfosten.

FARBE BEKENNEN: SANTIAGO GARCIA

Ganz neu und schon so grün-weiß! ‚Santi' wurde im Sommer sozusagen in vorletzter Minute verpflichtet und hat sich sofort in die Herzen der Fans gespielt.

AUSNAHMEERSCHEINUNG(EN): LUCA CALDIROLA, ALEKSANDAR IGNJOVSKI

Während ‚Iggy' noch sein Haar richtet, löst Luca Caldirola schon die Aufnahme aus. Gut, dass die Absprache auf dem Spielfeld – trotz unterschiedlicher Nationalitäten – besser klappt …

ANGELOCKT: MATEO PAVLOVIC

Im Januar 2013 sagte der 1,96-Meter große Kroate: ‚Daumen hoch für Werder!' Von NK Zagreb wechselte Mateo Pavlovic an die Weser, wo er sich langfristig in der Innenverteidigung durchsetzen will.

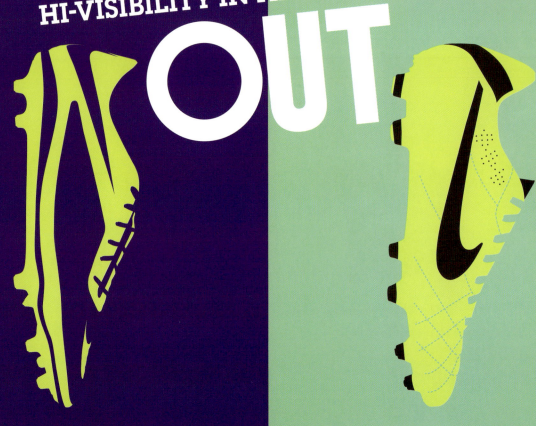

BEWEGLICH: ASSANI LUKIMYA

‚Luki' ist ein echtes Multitasking-Talent: Er kann den Ball jonglieren, gleichzeitig das Foto auslösen und dabei auch noch strahlend lächeln.

FUSSBALL-LIEBE: CEDRICK MAKIADI

Was Cedrick Makiadi an jedem Wochenende auf dem Spielfeld beweist, bringt er auch mit diesem Foto zum Ausdruck: seine große Liebe zum Fußball.

FESTGEBISSEN: CLEMENS FRITZ

Angebissen, festgebissen: Clemens Fritz spielt bereits seine achte Saison im Dress der Grün-Weißen. Und Werder schmeckt ihm immer noch hervorragend!

GUT DRAUF: MEHMET EKICI

Neustart für Werders Nummer zehn: Mehmet Ekici zeigte zu Saisonbeginn, warum der SV Werder auch in schwierigen Zeiten an ihm festhielt. Zwar entschied sich ‚Memo' für die türkische Nationalmannschaft, doch die deutsche Gartenzwerg-Kultur ist dem gebürtigen Münchener wohlbekannt.

GUT GETARNT: ELJERO ELIA

‚Elli' und der Ball – sie sind eins! Zwar ruht das runde Spielgerät hier friedlich in seiner Hand, doch das schelmische Grinsen deutet es schon an: Dribbelkünstler Eljero Elia hat mehr mit dem Ball vor, als er auf diesem Foto zeigt …

OHNE WORTE: LUKAS SCHMITZ

Hey, Lukas, Linksfüßer sollen doch ganz besondere Typen sein, immer ein bisschen verrückt, oder? So oder so ähnlich könnte die Frage formuliert worden sein, die von Werders Nummer 13 hier mit eindeutiger Geste beantwortet wird.

ROUTINIERT: AARON HUNT

Nein, Aaron, nicht zwei, es sind bereits zehn! Aaron Hunt macht in dieser Saison die runde Zahl an Bundesliga-Spielzeiten für den SV Werder voll. So cool, wie er auf diesem Foto posiert, spielt der Mittelfeldspieler auch auf dem Platz – und ist damit unverzichtbar.

GEWALTIG: SEBASTIAN PRÖDL

Mit diesem Urschrei könnte der österreichische Nationalspieler sicher jeden gegnerischen Angreifer in die Flucht schlagen. Viel lieber löst Prödl diese Aufgabe aber sportlich – und hebt sich Faust und weit aufgerissenen Mund für den Torjubel auf.

BISSIG: ZLATKO JUNUZOVIC

Werder-Boxer gegen Terrier ‚Juno'? Auch auf dem Spielfeld ist Zlatko Junuzovic ‚bissig', lehrt seinen Gegnern aber nicht wie hier durch Knurren das Fürchten, sondern mit unermüdlichem Laufpensum und vorbildlichem Kampfgeist.

WACHSAM: FELIX KROOS

Er hilft auf dem Platz, den sprichwörtlichen ‚Laden' dicht zu halten, ist dabei stets wachsam. Und es ist eigentlich ausgeschlossen, dass sich bei Felix Kroos jemand so verstohlen von der Seite anpirschen – Verzeihung, anwatscheln – kann wie auf diesem Foto …

GUT BEHÜTET: RAPHAEL WOLF

Raphael Wolf musste im Jahr 2013 bereits einen Kreuzbandriss verdauen. Möge ihn der Fußball-Gott gut behüten und weitere Verletzungen von ‚Rapha' fernhalten …

ÜBERRASCHUNG: THEODOR GEBRE SELASSIE

Auf welcher Position ‚Theo' aufläuft, ist manchmal selbst für ihn eine Überraschung. Allerdings immer eine positive, denn der Tscheche ist flexibel einsetzbar und spielt gerne da, wo er gebraucht wird.

HEIZEN MIT SYSTEM.
DARAUF KÖNNEN SIE VERTRAUEN.

Mit maßgeschneiderten Heizungskonzepten entwickeln wir seit über 90 Jahren die passende Wärmelösung für jeden Bedarf. Egal, ob fortschrittliche Öl- oder Gas-Brennwerttechnik, nachhaltige Solarkollektoren mit Speicher oder ressourcenschonende Wärmepumpen – wir bieten Wärme mit System. Wertbeständig verarbeitet und individuell kombinierbar, das sind Heizsysteme von BRÖTJE für Wärmekomfort aus einer Hand.

Einfach näher dran.

BALANCE FINDEN: NILS PETERSEN

Das Runde muss ins Runde! Gut, das sieht schwer aus... Aber dass er das Runde zielsicher ins Eckige befördern kann, hat Nils Petersen 2013 so häufig bewiesen wie kein anderer Werderaner.

RUHE AM BALL: TOM TRYBULL

Er weiß, was zu tun ist, damit die Kugel gehorcht. Tom Trybull hat ausgezeichnete fußballerische Qualitäten und überzeugt auf dem Platz trotz seines jungen Alters bereits mit Ruhe, Besonnenheit und Cleverness.

TIERISCH GUT: CIMO RÖCKER, LEVENT AYCICEK

Zwei Talente auf dem Sprung: Zwar wurden Levent Aycicek und Cimo Röcker von schweren Verletzungen zurückgeworfen, gerade als ihre Karriere Fahrt aufnahm. Doch sie gehören zweifellos zu den Hoffnungsträgern der Grün-Weißen.

ZUSPRUCH: RICHARD STREBINGER

Österreichischer Jung-Torwart sucht tröstende Begleitung... Eine langwierige Verletzung setzte den Keeper außer Gefecht. Dabei verzichten sowohl der SV Werder als auch die U-21-Nationalmannschaft Österreichs nur ungern auf die Dienste von Richard Strebinger.

KONSEQUENT EFFIZIENT

www.tiemann-man.de

MAN

**Wir brüllen auch für den SV Werder.
Viel Erfolg für die Saison.**

MAN Truck & Bus Deutschland GmbH
Handelsvertretung W. Tiemann GmbH & Co. KG
Neuenlander Straße 41/43
28199 Bremen
Telefon +49 421 59003-0

QUIETSCHVERGNÜGT: PREDRAG STEVANOVIC

Immer wieder plagten Predrag Stevanovic in der Vergangenheit Verletzungssorgen. Nun arbeitet er an seinem Comeback und würde bei jedem Schritt nach vorn am liebsten sein Quietsche-Entchen herzen und die ganze Welt umarmen …

IT'S COOL, ÖTZI: ÖZKAN YILDIRIM

Für Özkan Yildirim scheint in dieser Saison die Sonne: Der U-21-Nationalspieler ist eine feste Größe im Team von Cheftrainer Robin Dutt und kommt regelmäßig in der Bundesliga zum Einsatz.

WIRBELWIND: ALEKSANDAR STEVANOVIC

Ein Kopfball-Ungeheuer ist der 1,75-Meter große Aleksandar Stevanovic auf dem Spielfeld eher selten. Dafür bringt der quirlige Mittelfeldspieler seine Gegner am Boden gern gehörig ins Schwitzen.

VERWACHSEN: PHILIPP BARGFREDE

Er ist mit dem SV Werder verwachsen wie kaum ein Zweiter: Fast zehn Jahre lang trägt Philipp Bargfrede bereits das grün-weiße-Trikot. Zugegeben, das Werder-Zungentattoo gab's trotzdem nur fürs Foto …

Foto: C. Heidmann

Neue Mannschaft

Hier werden heiße Diskussionen über Taktik, Tore und Training geführt, hier entstehen Freundschaften, hier werden bei Bedarf (Kabinen-)Predigten gehalten – es ist das ‚Allerheiligste' der Grün-Weißen, der vielleicht wichtigste Raum im Weser-Stadion. Und die Kabine ist der Ort, an dem neue Mannschaften geformt werden, Hierarchien entstehen.

Neu ist beim SV Werder dabei derzeit nicht nur die Mannschaft auf dem Spielfeld, sondern auch die Mannschaft der Geschäftsführung. Zum Vorsitzenden Klaus Filbry (Mitte) und Klaus-Dieter Fischer (li.) kam zu Beginn des Jahres 2013 Thomas Eichin als neuer Geschäftsführer Sport. Der nächste Wechsel im Team ist dabei schon geplant: Klaus-Dieter Fischer wird seine Tätigkeit in der Geschäftsführung Ende 2014 beenden. Sein Nachfolger soll Dr. Hubertus Hess-Grunewald werden.

Geschäftsführung

Klaus Filbry

Position: Vorsitzender der Geschäftsführung (seit 23.11.2012) Geschäftsführer Marketing, Management und Finanzen
Geburtsdatum: 09.01.1967
Geburtsort: Münster
Bei Werder seit: 01.01.2010

Vorherige Stationen:
- 2008 – 2009 Adidas AG, Vice President Global Football Sports Marketing
- 2006 – 2008 Adidas AG, Vice President Sport Performance Divison North America
- 2004 – 2006 Adidas AG, Vice President Product North America
- 2000 – 2004 Adidas AG, Head of Individual Sports Global
- 1997 – 2000 Adidas AG, Head of Product Region Europe
- 1995 – 1997 Adidas AG, Business Unit Manager Basketball / Indoor
- 1994 – 1995 Assistent der Geschäftsführung Adidas Deutschland

Ausbildung / Beruf:
- Master of Business Administration (MBA), University of Bristol
- Bachelor of Science, Illinois State University

Persönliches: verheiratet mit Bettina, Töchter Lisa und Carla, Sohn Paul

Thomas Eichin

Position: Geschäftsführer Sport
Geburtsdatum: 09.10.1966
Geburtsort: Freiburg
Bei Werder seit: 14.02.2013

Vorherige Stationen:
- 2001 – 2013 Geschäftsführer Kölner EC („Kölner Haie')
- 1999 – 2001 Marketingleiter Kölner EC („Kölner Haie')

Stationen als Spieler:
- Borussia Mönchengladbach, 1. FC Nürnberg, Freiburger FC, Eintracht Freiburg
- 180 Bundesliga-Spiele

Ausbildung / Beruf:
Diplom-Sportmanager (IST Düsseldorf)
Persönliches: verheiratet mit Julia, Töchter Nadja und Laura

Klaus-Dieter Fischer

Position: Geschäftsführer Leistungszentrum, Frauenfußball, andere Sportarten, CSR-Management, Fußballschule
Geburtsdatum: 27.12.1940
Geburtsort: Bremen
Bei Werder seit: 06.01.1955

Vorherige Positionen:
- 1999 – 30.06.2003 Vorstandsmitglied Leistungszentrum Fußball und andere Sportarten
- 1974 – 1999 Vize-Präsident
- 1970 – 1974 3. Präsident
- 1955 –1970 Jugendbetreuer, Jugendtrainer, Schatzmeister der Amateurabteilung, Schiedsrichter

Weitere Position: Präsident des Sport-Verein „Werder" von 1899 e.V.

Ausbildung / Beruf:
Direktor der Bremer Verwaltungsschule und Leiter des Aus- und Fortbildungszentrums (bis 2003)
Persönliches: verheiratet mit Anne, Tochter Ilka, Sohn Immo

Stand: 31.10.2013

FASZINATION IN GRÜN-WEISS

Infront bedankt sich für das langjährige Vertrauen des SV Werder Bremen und wünscht der Mannschaft, den Fans und den Sponsoren eine erfolgreiche Saison 2013/14.

Der SV Werder Bremen gehört mit seiner nachhaltigen, bodenständigen Philosophie nach wie vor zu den beliebtesten Vereinen der Bundesliga. Mit seiner starken regionalen Identifikationskraft und nationalen Reichweite, bietet der Verein seinen kommerziellen Partnern ein ideales Umfeld für effiziente Markenkommunikation und eine enge Einbindung in die grün-weiße Fußballfamilie.

Auch in der Vermarktung setzt der SV Werder Bremen seit vielen Jahren auf Kontinuität – mit großem Erfolg. Die Partnerschaft mit Infront Sports & Media, dem führenden Unternehmen in der deutschen und internationalen Fußball-Vermarktung, bewährt sich bereits seit mehr als 30 Jahren. Mit wirkungsvollen Sponsoring-Konzepten und modernen Werbelösungen – wie zuletzt den neu eingeführten LED-Banden – bieten der Verein und Infront den kommerziellen Partnern ein Premium-Umfeld in der begeisternden Atmosphäre des Weser Stadions.

Infront — Our experience. Shared passion. Your success.

Infront Germany GmbH, Bremen Branch, Franz-Böhmert-Str. 1c, 28205 Bremen
Tel. +49-421-46055510, www.infrontsports.com, christian.rauhut@infrontsports.com

Aufsichtsrat

Willi Lemke

Position: Vorsitzender des Aufsichtsrats (seit 2005)
Geburtsdatum: 19.08.1946
Geburtsort: Pönitz / Ostholstein
Bei Werder seit: 25.06.1975
Bisherige Positionen: 2003 – 2004 Stellvertretender Vorsitzender des Aufsichtsrats, 1999 – 2003 Aufsichtsratsmitglied, 1981 – 1999 Manager
Berufl. Laufbahn: 1. St.-Ex. in Erziehungs- und Sportwissensch. / Wissenschaftl. Mitarb. der Unis Hamburg und Bremen, 1974 – 1981 SPD-Landesgeschäftsführer / Mitgl. der Deputation für Sport, 1998 – 1999 ehrenamtl. Lehrbeauftragter der Uni Bremen, 1999 – 2007 Senator f. Bildung u. Wissenschaft, 2007 – 2008 Senator f. Inneres u. Sport, seit 07.04.2008 Sonderberater des UN-Generalsekretärs für Sport im Dienst von Entwicklung und Frieden

Dr. Hubertus Hess-Grunewald

Position: Stellvertretender Vorsitzender des Aufsichtsrats (seit 2005)
Geburtsdatum: 14.10.1960
Geburtsort: Varel
Bei Werder seit: 28.08.1970
Bisherige Positionen: 1999 – 2004 Aufsichtsratsmitglied, 1993 – 1999 Vorstandsmitglied der Fußball-Amateurabteilung
Weitere Position: Vize-Präsident Sport-Verein „Werder" von 1899 e.V.
Beruf: Rechtsanwalt (Fachanwalt für Arbeitsrecht)

Marco Bode

Position: Aufsichtsratsmitglied (seit 2012)
Geburtsdatum: 23.07.1969
Geburtsort: Osterode
Bei Werder seit: 01.07.1988
Spielerlaufbahn: 1988 – 2002 SV Werder Bremen
Sportliche Erfolge: Europapokal-Sieger der Pokalsieger 1992, Deutscher Meister 1993, DFB-Pokal-Sieger 1991, 1994, 1999, Europameister 1996, 379 Bundesliga-Spiele / 101 Tore, 40 Länderspiele / 9 Tore
Weitere Position: Ehrenspielführer des SV Werder Bremen
Beruf: Selbstständig im Bereich Kommunikation/Medien

Dr. Werner Brinker

Position: Aufsichtsratsmitglied (seit 2004)
Geburtsdatum: 30.03.1952
Geburtsort: Lingen / Ems
Bei Werder seit: 01.07.2003
Beruf: Dr. Ing. Bauingenieurwesen, Vorsitzender des Vorstands der EWE AG

Axel Plaat

Position: Aufsichtsratsmitglied (seit 2011)
Geburtsdatum: 24.06.1958
Geburtsort: Bremen
Bei Werder seit: 01.06.1967
Bisherige Positionen: 2001 – 2003 Kassenrevisor 1973 – 2000 Trainer Fußball-Abteilung
Weitere Position: Schatzmeister Sport-Verein „Werder" von 1899 e.V.
Beruf: Credit Officer im Branchensektor Telecom, Technology, IT & Software der Commerzbank AG Hamburg

Hans Schulz

Position: Aufsichtsratsmitglied (seit 1999)
Geburtsdatum: 04.12.1942
Geburtsort: Halle / Saale
Bei Werder seit: 04.07.1953
Spielerlaufbahn: 1963 – 1964 SV Werder Bremen Amateure, 1964 – 1966 SV Werder Bremen, 1966 – 1971 Hamburger SV, 1971 – 1974 Fortuna Düsseldorf, 1974 – 1976 Alemannia Aachen
Sportliche Erfolge: Deutscher Meister 1965, Finale im Europapokal der Pokalsieger 1968, 214 Bundesliga-Spiele / 40 Tore
Beruf: Textilkaufmann

Stand: 31.10.2013

Der COMKOPIE-Effekt hat viele Gesichter.

Mehr zu jedem Gesicht finden Sie auf unserer Internetseite unter www.comkopie.de.

Die COMKOPIE-Unternehmensgruppe:

Offizieller Supplier von Werder Bremen:

Service, Nähe und
Kompetenz seit 1993.
In Farbe und Schwarz-Weiß.
Für Apple und PC.

Linzer Straße 6
28359 Bremen

Telefon (0421) 2 01 26 - 0
Telefax (0421) 2 01 26 - 30

Internet: www.comkopie.de
E-Mail: info@comkopie.de

SPONSOREN SAISON 2013/2014

HAUPTSPONSOR

AUSRÜSTER

TOP-SPONSOREN

CO-SPONSOREN

PARTNER-SPONSOREN

WERBEBANDEN-PARTNER

„TEAM 11"-SPONSOREN

   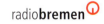

REGIO-SPONSOREN

SUPPLIER

STADIONPARTNER

KLARER SIEGER GEGEN DAS EINZELTICKET.

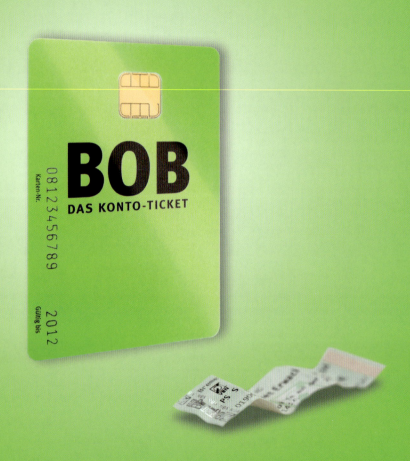

Eindeutiger Punktsieg für BOB, das bargeldlose Konto-Ticket: Denn für eine Fahrt mit BOB zahlen Sie weniger als für ein Einzel-Ticket. Und bei mehreren Fahrten pro Tag wird „automatisch" der günstigste Preis, der Tagesbestpreis, errechnet. BOB gibt's in Ihrem BSAG-Kundencenter.

Mehr Infos unter www.bob-ticket.de

Partner im

Alles für den Fan

Öffnungszeiten:
täglich 10.00 – 17.45 Uhr
(an Heimspieltagen bis eine
Stunde vor Spielbeginn)

Eintrittspreise:
- Normalpreis 4,00 €
  (ermäßigt 2,00 €)
- Mitglieder 2,00 €
  (ermäßigt 1,00 €)
- Ermäßigungen (bei Nachweis
  mit gültigem Ausweis):
  Jugendliche bis 18 Jahre,
  Auszubildende, Schüler,
  Studenten, Schwerbehinderte,
  Arbeitslose, Rentner

Stadionführungen
(inkl. WUSEUM)
▶ Marika Diesing
Anmeldung:
Tel.: 04 21 - 43 45 90
Fax: 04 21 - 43 45 94 090
E-Mail: *stadionfuehrungen@werder.de*
- Für Gruppen ab 10 Personen
- Erwachsene 6,00 €
  (ermäßigt 3,00 €)

Kindergeburtstage
▶ Jan Philipp Heine
Anmeldung:
Tel.: 04 21 - 43 45 90
Fax: 04 21 - 43 45 94 090
E-Mail: *kindergeburtstage@werder.de*
- Für Gruppen bis max. 15 Pers.
- Basispaket (100 € pauschal):
  Spannende Erlebnistour im
  Weser-Stadion inkl. Torwand-
  schießen und Kickerturnier
  oder Schatzsuche, Geschenk
  fürs Geburtstagskind
- Zusatzpakete (jeweils 60 €
  pauschal): ‚Essen & Trinken'
  und ‚Trikottour' (inkl. Kinder-
  trikot fürs Geburtstagskind)
- Weitere Infos bei WERDER.DE

Fan- und Mitgliederbetreuung

Franz-Böhmert-Straße 1
28205 Bremen
Tel.: 04 21 - 43 45 90
Fax: 04 21 - 43 45 94 850

WIR FÜR EUCH – IHR FÜR UNS!

Abteilungsleitung
▶ Julia Ebert
Mobil: 01 52 - 53 23 90 33
E-Mail: *julia.ebert@werder.de*

Fanbetreuer
▶ Till Schüssler
Mobil: 01 52 - 53 23 90 35
E-Mail: *till.schuessler@werder.de*

▶ Jermaine Greene
Mobil: 01 52 - 53 23 90 34
E-Mail: *jermaine.greene@werder.de*

Fanzentrum ‚OstKurvenSaal'
Veranstaltungsraum des
Fan-Projekt Bremen e. V. mit
Aktivitäten von Fans für Fans –
Treffpunkt vor und nach jedem
Heimspiel. Auswärtsspiele des
SV Werder Bremen werden auf
Großbildleinwand gezeigt. Die
Räumlichkeiten können für Ver-
anstaltungen gemietet werden.
Außerdem öffnet hier das Fan-
Café jeden Montag nach Heim-
spielen ab 17.00 Uhr. Mitarbeiter
des SV Werder Bremen und des
Fan-Projekt Bremen e. V. sind für
Fragen und Diskussionen offen
und freuen sich über Ideen und
Anregungen für ein vielfältiges
Fan-Café.

Immer dabei *Das Team der Werder-Fanbetreuung um Leiterin Julia Ebert (2. v. li.).*

Foto: A. Gumz

Dachverband Bremer Fanclubs
Franz-Böhmert-Straße 5
28205 Bremen
E-Mail:
info@werder-dachverband.de

Sprechstunde:
Montag, 17.00 – 19.00 Uhr, im
Büro im Fanzentrum Ostkurve

▶ Uwe Jahn
Tel.: 01 72 - 40 01 050
▶ Björn Urban
Tel.: 01 71 - 84 29 999

Fan-Projekt Bremen e. V.
Jugendarbeit mit und für Fans
des SV Werder Bremen
- Ansprechpartner:
  Manfred Rutkowski,
  Thomas Hafke, Jens Höhn
  (Sprechzeiten nach
  Vereinbarung),
- Mädchenarbeit:
  Susanne Franzmayer
  (Sprechzeit: Mittwoch,
  17.00 – 19.00 Uhr)

Franz-Böhmert-Straße 5
28205 Bremen
Tel.: 04 21 - 49 80 24
Fax: 04 21 - 49 80 25
Internet:
www.fanprojektbremen.de
E-Mail:
info@fanprojektbremen.de

Fan-Artikel
SV Werder Bremen
Fan-Service GmbH
▶ Petra Stelljes
(Geschäftsführung)
Hoerneckestr. 11/13
28217 Bremen
www.werder-fanwelt.de

Bestellungen:
SV Werder Bremen
Fan-Service GmbH
Hoerneckestr. 11/13
28217 Bremen
Tel.: 04 21 - 43 45 90
(Mo. – Fr., 9.00 – 18.00 Uhr)
Fax: 04 21 - 49 99 59 70
E-Mail: *info@werder-fanwelt.de*

Verkaufsstelle:
‚Werder Fan-Welt'
Franz-Böhmert-Straße 5a
28205 Bremen

Öffnungszeiten:
Mo. – Fr.: 9.00 – 18.00 Uhr
Sa.: 10.00 – 15.30 Uhr
- Samstags an Spieltagen:
  11.00 Uhr – ca. eine Std.
  nach Spielende
- Sonntags an Spieltagen:
  zwei Std. vor Spielbeginn –
  ca. eine Std. nach Spielende
  (während der Spiele ist die
  ‚Werder Fan-Welt' geschlossen)

GRÜN-WEISSE FANKULTUR

Gemeinsam mit allen Fans freuen wir uns auf spannende Werderspiele mit vielen Toren auf der richtigen Seite.

FÜR HEUTE.
FÜR MORGEN.
FÜR MICH.

www.swb-gruppe.de

SOZIALES ENGAGEMENT

GEFÖRDERTE EINRICHTUNGEN 2013

- Förderverein der Naturfreunde-Jugend Bremen
- Oberschule Sottrum
- Bremer Rasselbande
- Gesamtschule Bremen-Mitte
- Förderverein Gymnasium Heide-Ost e. V.
- Landessportbund Bremen
- WaBeQ – Waller Beschäftigungs- und Qualifizierungs gGmbH
- Courage – Werkstatt für demokratische Bildungsarbeit e. V.
- Theaterhaus Schnürschuh – Trägerverein Kulturschmiede Bremen e. V.
- Integration durch Sport und Bildung e. V. Oldenburg
- Schule an der Paul-Singer Straße Bremen
- Gesamtschule Bremen-Ost
- Hochschule Bremen – Zentrum für Interkulturelles Management und Diversity
- Nachtwanderer Bremen e. V.
- TuS Hasbergen
- Volksbund Deutsche Kriegsgräberfürsorge e. V. – Landesverband Bremen
- Bürgerzentrum Neue Vahr (Kinder- und Jugendbereich)
- AWO Soziale Dienste Bremen
- KoFaS (Kompetenzgruppe Fankulturen & Sport bezogene soziale Arbeit) – Institut für Sportwissenschaft der Universität Hannover
- Deutsche DepressionsLiga e. V.
- Pan-Afrikanischer Kulturverein e. V.
- Africa Tomorrow Plus e. V.
- Verein Herberge zur Heimat Nienburg e. V.
- Bundesstiftung Magnus Hirschfeld
- Universität Bielefeld
- Die Wolkenschieber
- Hochschule Bremen
- SC Rot-Weiß Oberhausen

Die Stiftungsgelder werden für von den Einrichtungen bei der Beantragung benannte soziale Projekte und Hilfsaktionen ausgeschüttet.

‚SV Werder Bremen Stiftung'

Foto: Getty Images

Das soziale Engagement des SV Werder Bremen ist vielfältig *(siehe auch Seite 147)*. Um karitative Projekte und Einrichtungen auch finanziell unterstützen zu können, haben der Sport-Verein ‚Werder' von 1899 e. V. und die SV Werder Bremen GmbH & Co KG aA im Jahr 2009 die ‚SV Werder Bremen Stiftung' gegründet. Sie dient der Förderung des Sports, der Bildung und Erziehung, der Völkerverständigung, der Gewaltprävention sowie mildtätiger Zwecke. Gefördert werden ausgewählte Projekte im In- und Ausland im sozialen, sportlichen und ausbildenden Bereich. Der Stiftungsstock, der bei Gründung 300.000 Euro betrug, wurde durch Spenden auf mittlerweile 377.000 Euro erhöht.

Anträge können jedes Jahr bis zum 31. Juli eingereicht werden. Die Ausschüttung von Geldern, in diesem Jahr rund 65.000 Euro, erfolgt zum 30. September. Der dreiköpfige Vorstand der ‚SV Werder Bremen Stiftung' mit Klaus-Dieter Fischer, Klaus Filbry und Dr. Hubertus Hess-Grunewald sichtet die Anträge und spricht dem Stiftungsrat Empfehlungen aus.

HELFEN SIE MIT!

‚SV Werder Bremen Stiftung'
Franz-Böhmert-Str. 1 c · 28205 Bremen

Ansprechpartnerin: Anne-Kathrin Laufmann
Tel.: 0421 - 43 45 90
E-Mail: werder-stiftung@werder.de

Internet: www.werder.de > WERDER BEWEGT > Lebenslang hilfsbereit > SV Werder Bremen Stiftung

SOZIALES ENGAGEMENT

WERDER BEWEGT – LEBENSLANG

Der SV Werder Bremen hat in seiner Geschichte immer wieder deutlich gemacht, dass die Buchstaben ‚SV' im Vereinsnamen nicht nur für ‚Sport-Verein', sondern auch für ‚Soziale Verantwortung' stehen. Die Grün-Weißen engagieren sich dabei nicht nur in Bremen und im Bremer Umland, sondern sind auch an verschiedenen nationalen und internationalen Initiativen beteiligt.

Der SV Werder gilt im Bereich des gesellschaftlichen Engagements als Vorreiter unter den Bundesliga-Vereinen. Für die Koordination dieser Aktivitäten wurde eine eigene Abteilung mit elf fest angestellten Mitarbeitern aufgebaut, die zum Verantwortungsbereich von Klaus-Dieter Fischer (Geschäftsführer Leistungszentrum, Frauenfußball, andere Sportarten, CSR-Management, Fußballschule der SV Werder Bremen GmbH & Co KG aA und Präsident des Sport-Verein ‚Werder' von 1899 e. V.) gehört.

Die Initiativen, Projekte und Aktionen des sozialen, ökologischen und ökonomischen Engagements bündelt der SV Werder Bremen seit März 2012 unter der CSR-Marke WERDER BEWEGT – LEBENSLANG, die in sechs Themenfeldern die Aktivitäten strukturiert und von prominenten Botschaftern unterstützt wird.

Weitere Informationen gibt es unter www.werder-bewegt.de und www.facebook.com/WerderBewegt

LEBENSLANG GRÜN-WEISS

- Windel-Liga
- Kids-Club
- Ferienprogramm
- 60plus
- SV Werder goes Ehrenamt

Der SV Werder lebt durch seine Mitglieder und Anhänger aus allen Generationen. Diese Unterstützung gibt der Verein zurück – generationsübergreifend.

Botschafter: Thomas Schaaf, Marco Bode

LEBENSLANG GESUND

- 100 % fitter Werder-Partner
- Betriebliches Gesundheitsmanagement
- Ammerländer Milchmuhbil

Der SV Werder hilft seinen Partnern, den eigenen Mitarbeitern und weiteren Interessierten, verantwortlich mit dem Körper umzugehen. Schulungen und Projekte vermitteln eine gesunde Lebensweise durch ausgewogene Ernährung und Sport.

Botschafter: Frank Baumann, Dagmar Freifrau von Cramm, Tjalf Hoyer

LEBENSLANG HILFSBEREIT

- SV Werder Bremen Stiftung
- 100 % Werder WorldWide

Mit der SV Werder Bremen Stiftung leistet der Verein finanzielle Unterstützung in den Bereichen Sport, Bildung, Erziehung, Völkerverständigung, Gewaltprävention und für wohltätige Zwecke.

Botschafter: Willi Lemke, Moritz Rinke

LEBENSLANG AKTIV

- 100 Schulen – 100 Vereine
- 100 % Werder-Partner
- Inklusion
- Ballschule

Beim Sport spielen körperliche Fitness, Begeisterung und Gemeinschaftssinn eine wichtige Rolle. Herkunft, Kleidung und Alter sind dagegen egal. Der SV Werder gibt jedem die Möglichkeit, sportlich aktiv zu sein – unabhängig vom sozialen Status.

Botschafter: Otto Rehhagel, Wigald Boning

LEBENSLANG TOLERANT

- Antidiskriminierung
- The Football Club Social Alliance
- SPIELRAUM

Diskriminierung, Gewalt und Drogen haben keine Chance: Der SV Werder Bremen vermittelt soziale und ethische Werte und setzt so Orientierungspunkte für ein tolerantes Miteinander und Fairplay.

Botschafter: Jan Delay, Matthias Brandt

LEBENSLANG UMWELTBEWUSST

- Photovoltaik-Anlage
- 100 % Öko-Strom
- Transport an Spieltagen

Die Photovoltaik-Fassade des Weser-Stadion, die Fans, die das Werder-Ticket auch als Fahrkarte für Bus und Bahn nutzen können, der Umstieg auf Ökostrom – Umweltschutz und Klimafreundlichkeit sind wichtige Themen für den SV Werder.

Botschafter: Dr. Werner Brinker

www.volkswagen.de/partner-des-fussballs

Leidenschaft, die bewegt.

**Volkswagen, offizieller Automobilpartner des SV Werder Bremen.
Besuchen Sie uns auch unter www.volkswagen.de/partner-des-fussballs**

Kraftstoffverbrauch des Golf GTI in l/100 km: innerorts 8,1–7,5/außerorts 5,4–5,1/ kombiniert 6,4–6,0, CO_2-Emissionen in g/km: kombiniert 149–139. Abbildung zeigt Sonderausstattung gegen Mehrpreis.

Partner des Fußballs.

Trainer-Team

Robin Dutt
Position: Cheftrainer
Geburtsdatum: 24.01.1965
Geburtsort: Köln
Bei Werder seit: 01.06.2013

Stationen als Spieler:
SVGG Hirschlanden, TSV Korntal, TSV Münchingen, FV Zuffenhausen, SKV Rutesheim

Trainerlaufbahn:
1995 – 1999 TSG Leonberg (Spielertrainer), 1999 – 2000 TSF Ditzingen II, 2000 – 2002 TSF Ditzingen, 2002 – 10/2003 Stuttgarter Kickers II, 10/2003 – 2007 Stuttgarter Kickers, 2007 – 2011 SC Freiburg, 2011 – 04/2012 Bayer 04 Leverkusen, 2012 – 2013 Sportdirektor beim Deutschen Fußball-Bund (DFB)

Größte sportliche Erfolge als Trainer:
Bundesliga-Aufstieg 2009 mit dem SC Freiburg, Abschluss des Fußball-Lehrer-Lehrgangs der Hennes-Weisweiler-Akademie 2005 als Jahrgangsbester

Damir Buric
Position: Co-Trainer
Geburtsdatum: 07.07.1964
Geburtsort: Split (Kroatien)
Bei Werder seit: 01.07.2013

Stationen als Spieler:
1984 – 1988 RNK Split (Kroatien), 1988 – 1992 SV Waldhof Mannheim, 1992 – 1999 SC Freiburg, 1999 – 2000 Borussia Mönchengladbach

Laufbahn als Co-Trainer:
2004 – 2007 SC Freiburg II, 2005 – 2011 SC Freiburg, 2011 – 04/2012 Bayer 04 Leverkusen

Größter sportlicher Erfolg als Co-Trainer:
Bundesliga-Aufstieg 2009 mit dem SC Freiburg

Marco Langner
Position: Torwart-Trainer
Geburtsdatum: 08.05.1969
Geburtsort: Würzburg
Bei Werder seit: 01.07.2013

Stationen als Spieler:
1993 – 1995 Stuttgarter Kickers, 1995 – 1997 SV Waldhof Mannheim, 1997 – 2007 SSV Reutlingen

Laufbahn als Torwart-Trainer:
2004 – 2007 SC Freiburg II, 2005 – 2011 SC Freiburg, 2011 – 04/2012 Bayer 04 Leverkusen

Größter sportlicher Erfolg als Torwart-Trainer:
Bundesliga-Aufstieg 2009 mit dem SC Freiburg

Reinhard Schnittker
Position: Athletik-Trainer
Geburtsdatum: 08.11.1969
Geburtsort: Verl
Bei Werder seit: 01.07.2012

Ausbildung:
Diplom-Sportwissenschaftler

Berufliche Laufbahn:
2002 – 2012 Leiter der Leistungsdiagnostik Sportmedizin an der Universität Paderborn

Peer Jaekel
Position: Co-Trainer Videoanalyse
Geburtsdatum: 21.06.1982
Geburtsort: Bremen
Bei Werder seit: 01.07.2008

Berufliche Laufbahn:
2008 – 2013 Scouting SV Werder Bremen

Stand: 31.10.2013

ROY ROBSON

ROY ROBSON ist offizieller Fashion Partner des SV Werder Bremen.

www.royrobson.com

WERDER Leistungszentrum

Fußball-Internat im Weser-Stadion

'Wilhelm-Scharnow-Internat'
Telefon: 04 21 - 43 45 90
Fax: 04 21 - 43 45 92 861
Leitung: Björn Schierenbeck
Wirtschafterin: Jutta Reichel
Schul- und Sozialbegleiter: Ingo Goetze

Eliteschule des Fußballs

Bei der Talentförderung setzt der SV Werder Bremen nicht nur auf eine optimale sportliche Förderung, sondern legt ebenso viel Wert auf die schulische Ausbildung. Dafür hat der Club einen starken Partner: die Integrierte Stadtteilschule/Gymnasium Obervieland – 2008 vom Deutschen Fußball-Bund zur ‚Eliteschule des Fußballs' ernannt.

WERDER Fußballschule

Angebote für fußballbegeisterte Kinder und Jugendliche im Alter von sechs bis 13 Jahren. Egal, ob Mädchen oder Junge, Neueinsteiger oder Vereinsspieler – für jeden ist etwas dabei. Erlebnisreiche Camps am Weser-Stadion, in der Sportschule Lastrup, auf der Nordseeinsel Borkum, in Kooperation mit den Vereinen in Norddeutschland oder exklusive Tage im Sommer-Trainingslager der Profis sorgen ganzjährig für Fußballspaß. Weitere Infos unter www.werder-fussballschule.de

U 23
Trainer: Viktor Skripnik
Co-Trainer: Frank Bender, Torsten Frings
Torwart-Trainer: Christian Vander
Mannschaftsärzte: Dr. Dominik Schwarz, Dr. Philip Heitmann
Physiotherapeut: Adis Lovic
Reha-Trainer: Jens Beulke
Spieltagsorganisation: Norbert Sunder
Betreuer: Benno Urbainski, Hartmut Quäker, Andreas Unglaube
Sportliche Erfolge:
Deutscher Amateurmeister 1966, 1985, 1991, deutscher Vize-Amateurmeister 1982, 1993

U 21
Trainer: Andreas Ernst
Co-Trainer: Stefan Horeis
Betreuer: Stephan Quast

U 19
Trainer: Mirko Votava
Co-Trainer: Thomas Jahn, Sasa Pinter
Physiotherapeut: Stefan Kühn
Betreuer: Wolfgang Brase, Zygfryd Slawinski
Sportliche Erfolge:
Deutscher Meister 1999, deutscher Vize-Meister 1995, 2000

U 17
Trainer: Marco Grote
Co-Trainer: Dennis Kahl
Physiotherapeut: Henning Kostro
Betreuer: Jürgen Hamjediers
Sportliche Erfolge:
Deutscher Vize-Meister 1984, 1999, 2011

U 16
Trainer: Florian Kohfeldt
Co-Trainer: Tobias Duffner
Betreuer: Uwe Besing
Sportliche Erfolge:
Norddeutscher Meister 2011, 2012, Meister BFV 2001, 2002, 2004, 2005, 2006, 2007

U 15
Trainer: Thorsten Bolder
Co-Trainer: Markus Fila, Gabriel Schäffer
Sportliche Erfolge:
Norddeutscher Meister 1979, 1986, 1987, 1995, 1998, 1999, 2000, 2002, 2003, 2004, 2005, 2006, 2007, 2008, 2009, 2010, 2012

U 14
Trainer: Norbert Hübner
Co-Trainer: Ronald Voß, Uwe Papencord

U 13
Trainer: Jan-Claas Alexander
Co-Trainer: Nikolai Klein, Shuto Kotani
Betreuer: Hans-Jörg Peters

U 12
Trainer: Julian Hess
Co-Trainer: Frank Nixdorf
Betreuer: Leszek Nawrocki

U 11
Trainer: Markus Werle
Co-Trainer: Miguel Garcia
Betreuer: Dominik Gutmann, Rica Plogmann

U 10
Trainer: Ralf Görgens
Co-Trainer: Nils Dähne, Simon Peters
Betreuer: Hajo Diederich

U 9
Trainer: Christopher Bruns
Co-Trainerin: Lea Notthoff

U 8
Trainer: Lars Linné
Co-Trainerin: Antonia-Sophie Fischer

Torwart-Trainer (U19 – U10): Michael Jürgen

Athletik-Trainer (U23 – U15): Lars Figura

Koordinations-Trainer (U14 – U8): Andriy Wornat

Ballschule: Alexander Kluge
Technik-Trainer: Birger Hufe

Kontakt

Anschrift: Franz-Böhmert-Str. 7, 28205 Bremen

Geschäftsführer: Klaus-Dieter Fischer

Direktor Leistungszentrum / Frauenfußball / Fußballschule: Björn Schierenbeck

Sportlicher Leiter Leistungszentrum: Thomas Wolter

Koordinator (U15 – U8): Thorsten Bolder

Sekretariat:
Elisabeth Kremin (U19 – U8)
Tel.: 04 21 - 43 45 92 350
Kirsten König (U23)
Tel.: 04 21 - 43 45 94 711

Internet: www.werder.de
E-Mail: info@werder.de

Stand: 31.10.2013

REGIONALLIGA

Talente auf dem Sprung

Werders U 23 zählt seit Jahrzehnten zu den erfolgreichsten Ausbildungs-Mannschaften in Deutschland. Zu Beginn der Saison 2013/2014 schlugen die Grün-Weißen ein neues Kapitel auf. Nach elf Jahren übergab Thomas Wolter das Traineramt an Viktor Skripnik. Gemeinsam mit seinen beiden Co-Trainern Frank Bender und Torsten Frings sowie Torwart-Trainer Christian Vander will der Ex-Profi und Double-Sieger von 2004 den erfolgreichen Weg der U 23 fortsetzen.

Die Rückkehr in die 3. Liga ist das langfristige Ziel des Spitzenteams im WERDER Leistungszentrum. Doch die eigentliche Aufgabe hat dabei Vorrang: die Ausbildung der Talente für die Bundesliga-Mannschaft. Um die Durchlässigkeit aus der U 23 zu den Profis weiter optimieren zu können, hat das Team im Sommer den Geschäftsbereich gewechselt und ist nun den Profis unter der Leitung von Geschäftsführer Thomas Eichin und Direktor Frank Baumann unterstellt.

In der Bundesliga-Mannschaft spielen derweil zahlreiche Spieler, die einst den Sprung aus der U 23 zu den Profis geschafft haben – unter anderen Sebastian Mielitz, Philipp Bargfrede, Aaron Hunt und Özkan Yildirim. Zuletzt wurde diese Gruppe noch größer: Martin Kobylanski und Melvyn Lorenzen feierten ihr Debüt in Deutschlands höchster Spielklasse. Weitere Talente wollen und werden folgen.

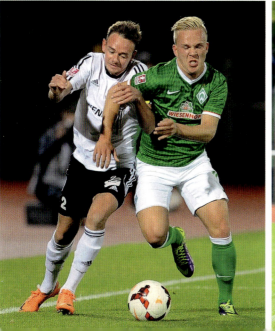

Fotos: hansepixx, nordphoto

WERDER JAHRBUCH 2013/14

FRAUENFUSSBALL

Grün-weiße Erfolgsstory

Die noch junge Geschichte des Frauenfußballs bei Werder Bremen ist eine Erfolgsstory. Was mit einem ‚Casting' von 300 Bewerberinnen begann, hat sich zu einer der erfolgreichsten Frauenfußball-Abteilungen in Norddeutschland mit vier ambitionierten Mannschaften entwickelt. Bereits mehr als zwanzig Titel feierten Werders Fußballerinnen seit 2007.

Die Entwicklung ist jedoch noch längst nicht abgeschlossen. So soll die erste Mannschaft in der nahen Zukunft den Sprung in die Erste Bundesliga schaffen. Und auch mit der zweiten Mannschaft in der Regionalliga, in der Juniorinnen-Bundesliga sowie auf Bremer und norddeutscher Ebene wollen die Spielerinnen weiter für Furore sorgen.

Fotos: hansepixx, D. Haß, M. Rospek

SPORT-VEREIN „WERDER" VON 1899 E. V.

Geschäftsführendes Präsidium

Stand: 31.10.2013

Klaus-Dieter Fischer

Position: Präsident (seit 01.07.2003)
Geburtsdatum: 27.12.1940
Geburtsort: Bremen
Bei Werder seit: 06.01.1955
Bisherige Positionen: 1999 – 30.06.2003 Vorstandsmitglied Leistungszentrum Fußball und andere Sportarten, 1974 – 1999 Vize-Präsident, 1970 – 1974 3. Präsident, Jugendbetreuer, 1955 – 1970 Jugendtrainer, Schatzmeister der Amateurabteilung, Schiedsrichter
Weitere Positionen: Geschäftsführer Leistungszentrum, Frauenfußball, andere Sportarten, CSR-Management, Fußballschule der SV Werder Bremen GmbH & Co KG aA, Mitglied des Beirats des Bremer Fußball-Verbands (BFV)
Beruf: Direktor der Bremer Verwaltungsschule und Leiter des Aus- und Fortbildungszentrums (bis 2003)

Dr. Hubertus Hess-Grunewald

Position: Vize-Präsident (seit 01.07.2003)
Geburtsdatum: 14.10.1960
Geburtsort: Varel
Bei Werder seit: 28.08.1970
Bisherige Positionen:
1999 – 2003 Aufsichtsratsmitglied des Sport-Verein „Werder" von 1899 e. V.
1993 – 1999 Vorstandsmitglied der Fußball-Amateurabteilung
Weitere Position:
Mitglied des Aufsichtsrats der SV Werder Bremen GmbH & Co KG aA (seit 07.02.2005 stellvertretender Vorsitzender)
Beruf: Rechtsanwalt (Fachanwalt für Arbeitsrecht)

Axel Plaat

Position: Schatzmeister (seit 01.07.2003)
Geburtsdatum: 24.06.1958
Geburtsort: Bremen
Bei Werder seit: 01.06.1967
Bisherige Positionen:
2001 – 2003 Kassenrevisor
1973 – 2000 Trainer Fußball-Abteilung
Weitere Position: Mitglied des Aufsichtsrats der SV Werder Bremen GmbH & Co KG aA
Beruf: Credit Officer im Branchensektor Telecom, Technology, IT & Software der Commerzbank AG Hamburg

Mitglieder des Präsidiums

Dietmar Ernst
Vorsitzender Fußball

Dr. Oliver Höpfner
Vorsitzender Schach

Manfred Jacobi
Vorsitzender Turnspiele und Gymnastik

Gunnar Lübben-Rathjen
Vorsitzender Handball

Werner Meyer
Vorsitzender Tischtennis

Christian Schwarting
Vorsitzender Leichtathletik

Anne-Kathrin Laufmann
Jugendreferentin

Norbert Sunder
Sportreferent

Die Sportarten

Abteilungen

▶ **Fußball**
Vorsitzender:
Dietmar Ernst
Tel. 04 21 - 51 05 29
www.werder.de/de/breitensport

▶ **Handball**
Vorsitzender:
Gunnar Lübben-Rathjen
Tel. 04 21 - 45 44 54
www.werder.de/handball

▶ **Leichtathletik**
Vorsitzender:
Christian Schwarting
Tel. 04 21 - 44 48 99
www.werder.de/leichtathletik

▶ **Schach**
Vorsitzender:
Dr. Oliver Höpfner
Tel. 04 21 - 21 75 76
www.werder.de/schach

▶ **Tischtennis**
Vorsitzender:
Werner Meyer
Tel. 04 21 - 53 24 85
www.werder.de/tischtennis

▶ **Turnspiele und Gymnastik**
Vorsitzender:
Manfred Jacobi
Tel. 04 21 - 54 41 77
www.werder.de/gymnastik

▶ **Jugendreferentin**
Anne-Kathrin Laufmann
Tel. 04 21 - 43 45 94 300

▶ **Sportreferent**
Norbert Sunder
Tel. 04 21 - 44 68 70

SPORT-VEREIN „WERDER" VON 1899 E. V.

Ehrenrat

Gemeinsam mit den sechs Vorsitzenden der Abteilungen, dem Sportreferenten und der Jugendreferentin bilden die Mitglieder des Ehrenrats den Wahlausschuss. Er schlägt der Mitgliederversammlung Kandidaten für das geschäftsführende Präsidium des Sport-Verein „Werder" von 1899 e. V. und den Aufsichtsrat der SV Werder Bremen GmbH & Co. KG aA vor.

Peter Eilers

Joachim Bunzel

Elke Humrich

Horst Kühne

Radek Lewicki

Wolfgang Schäfer

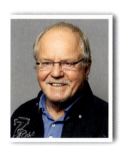
Jürgen Sterzik

Egbert Wilzer

Klaus-Jürgen Witt

Entwicklung der Mitgliederzahl

Stand: 31. 10. 2013

Wir bei WERDER von A–Z

Mehr als 140 hauptamtliche Mitarbeiterinnen und Mitarbeiter arbeiten beim SV Werder Bremen für den Bundesliga-Fußball, das Leistungszentrum und die Vereinsabteilungen – von der Geschäftsführung bis zur Mitgliederverwaltung, von den Medien bis zur Wäscherei, vom Marketing bis zum CSR-Management haben alle ihren Anteil am Werder-Erfolg.

Jan-Claas Alexander
Leistungszentrum

Michael Arends
CSR-Management

Levent Aycicek
Auszubildender Sport- und Fitnesskaufmann

Ingrid Aydemir
Wäscherei

Tim Barten
Teammanager

Frank Baumann
Direktor Profifußball und Scouting

Bianca Becker
Ticketing

Christel Behrens
Stellvertretende Wirtschaftsleiterin Internat

Matthias Beier
Ticketing

Ursula Belchhaus
Wäscherei

Frank Bender
Co-Trainer U23

Holger Berger
Physiotherapeut Bundesliga

Jens Beulke
Diplom-Sportlehrer / Reha-Trainer

Markus Biereichel
Medien und Kommunikation

Karen Blenkers
Assistentin des Geschäftsführers Sport

Stefanie Bolder
Ticketing

Thorsten Bolder
Trainer U15

Tim Borowski
Management Trainee

Stand: 31.10.2013

Wir bei WERDER von A–Z

Tarek Brauer
Direktor Recht und Personal

Birte Brüggemann
Leiterin Mädchen- und Frauenfußball

Daniel Bruss
Controlling und Personal

Damir Buric
Co-Trainer

Peter Detjen
Zeugwart

Nina Dey
Marketing und Vertrieb

Marika Diesing
Fan- und Mitgliederbetreuung

Nebojsa Dragonic
Hallenwart Werder-Halle Hermine-Berthold-Straße

Sandra Dragonic
Hallenwartin Werder-Halle Hermine-Berthold-Straße

Monika Duncan
CSR-Management

Sonja Dundon
Medien und Kommunikation

Robin Dutt
Cheftrainer

Julia Ebert
Leiterin Fan- und Mitgliederbetreuung

Dörte Eckmann
Mitgliederverwaltung

Thomas Eichin
Geschäftsführer Sport

Dieter Eilts
Leiter Fußballschule

Anja Fabrizius
CSR-Management

Marcus Fährer
Ticketing

Husnija Fazlic
Scouting

Tore Felgendreher
Marketing und Vertrieb

Klaus Filbry
Vorsitzender der Geschäftsführung, Geschäftsführer Marketing, Management und Finanzen

Klaus-Dieter Fischer
Geschäftsführer Leistungszentrum, Frauenfußball, andere Sportarten, CSR-Management, Fußballschule

Martina Flessner
Wäscherei

Christine Fortlage
CSR-Management

Stand: 31. 10. 2013

Wir bei WERDER von A–Z

Philip Friedrichs
Medien und Kommunikation/Volontär

Torsten Frings
Coach Trainee

Jörg Fürst
Leiter Rechnungswesen und Ticketing

Verena Gerken
Ticketing

Ingo Goetze
Leistungszentrum

Jermaine Greene
Fan- und Mitgliederbetreuung

Rolf Grossjean
CSR-Management

Marco Grote
Trainer U 17

Katrin Grüschow
Rechnungswesen

Stephan Güttler
IT-Abteilung

Catharine Haertel
Mitgliederverwaltung

Hinrich von Hallen
Direktor Finanzen, Prokurist

Marita Hanke
Leiterin Printmedien, Medienorganisation, interne Kommunikation

Judith Hartkamp
Personalreferentin

Sebastian Hartung
Scouting

Jan-Philipp Heine
Fan- und Mitgliederbetreuung

Jessica Heinecke
Rechnungswesen

Elke Heinicke
Wäscherei

Susanne Henke
Rechnungswesen

Beke Herbst
CSR-Management

Moritz Hintsch
IT-Abteilung

Jens Höfer
Direktor Allgemeine Verwaltung / Vereinsangelegenheiten

Sandra-Natascha Hoffmann
Ticketing

Niclas Huse
Empfangssekretariat

Stand: 31.10.2013

Die offizielle Stadion-Bratwurst

Qualität aus Meisterhand!

Friebel Wurst und Feinkost GmbH & Co. KG
Schulstraße 95-97 · 28816 Stuhr · www.friebel-wurst.com

Wir bei WERDER von A–Z

Norman Ibenthal
Medien und Kommunikation

Felix Ilemann
Medien und Kommunikation

Peer Jaekel
Co-Trainer Videoanalyse

Simone Jakuszeit
Empfangssekretariat

Sebastian Janzen
Zentrales Beschaffungsmanagement

Michael Jürgen
Torwart-Trainer Leistungszentrum

Tim Juraschek
Leiter CSR-Management

Karl-Heinz Kamp
Scouting

Judith Kaplan
CSR-Management

Barbara Kliem
Leiterin Callcenter

Alexander Kluge
Mädchen- und Frauenfußball

Florian Kohfeldt
Trainer U 16

Cindy König
Auszubildende Sport- und Fitnesskauffrau

Kirsten König
Assistentin Scouting

Matthias Kook
Leiter Allgemeine Verwaltung / Liegenschaften

Henning Kostro
Physiotherapeut Leistungszentrum

Elisabeth Kremin
Leistungszentrum

Claudia Kretzer
Marketing und Vertrieb

Stefan Kühn
Physiotherapeut Leistungszentrum

Dominik Kupilas
Medien und Kommunikation

Martin Lange
Medien und Kommunikation

Marco Langner
Torwart-Trainer

Florian Lauerer
Physiotherapeut Bundesliga

Anne-Kathrin Laufmann
Direktorin CSR-Management / Fan- und Mitgliederbetreuung

Stand: 31. 10. 2013

Alles* im grünen Bereich.

Fullservice Dienstleister des SV Werder Bremen

Beste Bundesliga Website 2012/2013

* Beratung • Konzeption • Design • Programmierung • Hosting/Streaming • Betrieb & Service

Wir finden auch für Ihr Unternehmen die richtige Online-Strategie!

www.btd.de • info@btd.de

BTD NEWMEDIA

Wir bei WERDER von A–Z

Mehmedalija Lilic
Hallenwart
Werder-Halle
Hemelinger Straße

Sehija Lilic
Hallenwartin
Werder-Halle
Hemelinger Straße

Adis Lovic
Physiotherapeut U 23

Janina Löwer
Rechnungswesen

Saskia Mauckisch
Mitgliederverwaltung

Petra Mayrhofer
Mitgliederverwaltung

Marita Meier
Empfangssekretariat

Sven Meusch
Scouting

Nina Müller
Marketing und Vertrieb

Friedrich Munder
Zeugwart

Stefanie Nagel
Controlling

Frank Ordenewitz
Scouting

Heike Pape
Ticketing

Bernd Pfeifer
Scouting

Nadja Pilzweger
CSR-Management

Sven Plagge
Physiotherapeut Bundesliga

Jan Plegt
Marketing und Vertrieb

Tino Polster
Direktor Medien und Kommunikation

Oliver Rau
Direktor Marketing und Vertrieb

Jutta Reichel
Wirtschaftsleiterin Internat

Mandy Römmer
Marketing und Vertrieb

Michael Rudolph
Leiter Club Media, stellv. Pressesprecher

Maximilian Rüst
Auszubildender Sport- und Fitnesskaufmann

Björn Schierenbeck
Direktor Leistungszentrum / Mädchen- und Frauenfußball

Stand: 31.10.2013

Wir bei WERDER von A–Z

Petra Schmidt
Mitgliederverwaltung

David Schmieg
Fußballschule

Reinhard Schnittker
Athletik-Trainer

Thilo Scholz
Rechnungswesen

Christian Schult
Leistungszentrum

Charlotte Schumacher
CSR-Management

Till Schüssler
Fan- und Mitgliederbetreuung

Malte Schwarting
Leiter IT-Abteilung

Florian Schwarz
Leiter Vereinsangelegenheiten / Mitgliederwesen

Ingrid Siebke
Wäscherei

Viktor Skripnik
Trainer U 23

Horst Stange
Autogrammkartenpost

Tim Steidten
Scouting

Janina Stockinger
Physiotherapeutin Leistungszentrum

Christian Stoll
Leiter Hospitality

Frauke Strecker
Leistungszentrum

Tobias Süveges
Scouting

Tomoki Suzuki
Akupunkteur

Jan Thelen
Marketing und Vertrieb

Jürgen Tölle
Physiotherapeut Bundesliga

Maren Ulrichs
Marketing und Vertrieb

Anke Urbainski
Wirtschafterin Appartement-Haus

Benno Urbainski
Teambetreuer U 23 / Zeugwart Leistungszentrum

Torsten Urbainski
Hausmeister

Stand: 31.10.2013

Wir bei WERDER von A–Z

Christian Vander
Torwart-Trainer
Leistungszentrum

Tanja Vogeley
Callcenter

Timo Volkmann
Medien und
Kommunikation /
Volontär

Miroslav Votava
Trainer U 19

Rico Weißbach
Auszubildender
Sport- und Fitness-
kaufmann

Christiane Wilke
Rechnungswesen

Thomas Wolter
Sportlicher Leiter
Leistungszentrum

Nicole Wrage
Callcenter

Klaus Zagermann
Geschäftsstelle

Angela Zitzmann
Sekretariat der
Geschäftsführung

Rehazentrum Bremen

Dr. Götz Dimanski
Ärztlicher Geschäftsführer,
Mannschaftsarzt Bundesliga

Das Stadion-Team

Marcus Mbiwe
DJ ‚Choco'

Christian ‚Stolli' Stoll
Stadionmoderator

Arnd ‚Arnie' Zeigler
Stadionmoderator

Stand: 31.10.2013

FANARTIKEL 2013/2014

DAS BESTE KOMMT ZUM SCHLUSS.

VIELE TOLLE FANARTIKEL
FINDEN SIE IN DER WERDER FAN-WELT.

DIE WERDER FAN-WELT AM WESER-STADION ODER WWW.WERDER-FANWELT.DE

Bestell-Hotline: 0421/43 45 90 · Fax-Order: 0421/49 99 59 70

Wir bei WERDER von A–Z

SV Werder Bremen Fan-Service GmbH

Petra Stelljes
Geschäftsführerin

Sandra Böhmert
Kundenservice /
Auftragsbearbeitung

Marlene Gerkens
Vertrieb

Katja Haack
Kundenservice /
Auftragsbearbeitung

Petra Hattendorf
Fan-Welt

Markus Horstmann
Lagerlogistik

Michaele de la Iglesia
Buchhaltung

Maren Kaminski
Referentin

Uwe Kühle
Stadionverkauf /
Fanmobil

Michael Meyer
Stadionverkauf /
Fanmobil

Mareike Mühl
Koordinatorin
E-Commerce /
Online-Marketing

Jasmina Nikolic
Fan-Welt

Jana Rümenapp
Fan-Welt

Romy Rupp
Fan-Welt

Matthias Samuel
Fan-Welt

Marcus Scholz
Leiter Lagerlogistik
und Warenwirtschaft

Irina Späth
Buchhaltung

Milton Tappert
Fan-Welt

Nahrin Uyar
Lagerlogistik

Georgette Wässa
Leitung Fan-Welt

Tim Zinke
Warenwirtschaft

Stand: 31. 10. 2013

Auf einen Blick

Anschrift:
SV Werder Bremen
Franz-Böhmert-Str. 1 c
28205 Bremen

Öffnungszeiten Geschäftsstelle:
Montag – Mittwoch 9.00 – 17.00 Uhr,
Donnerstag 9.00 – 18.00 Uhr,
Freitag 9.00 – 15.00 Uhr

Telefon Geschäftsstelle / Ticketcenter:
0421-434590
Montag – Freitag 9.00 – 18.00 Uhr,
Samstag (nur bei Heimspielen):
10.00 – 13.00 Uhr (bei Anpfiff 15.30 Uhr),
13.00 – 16.00 Uhr (bei Anpfiff 18.30 Uhr)

Fax Geschäftsstelle: 0421-493555
Fax Ticketcenter: 0421-490506

Telefonische Bestellannahme:
(Fanartikel): 0421 - 43 45 90
Bestell-Fax Fan-Shop: 04 21 - 49 99 59 70

Internet: www.werder.de
E-Mail: info@werder.de

▶ SV Werder Bremen GmbH & Co. KG aA

Geschäftsführung:
Klaus Filbry (Vorsitzender der Geschäftsführung/Geschäftsführer Marketing, Management und Finanzen),
Thomas Eichin (Geschäftsführer Sport),
Klaus-Dieter Fischer (Geschäftsführer Leistungszentrum, Frauenfußball, andere Sportarten, CSR-Management, Fußballschule)

Aufsichtsrat:
Willi Lemke (Vorsitzender),
Dr. Hubertus Hess-Grunewald (Stellvertretender Vorsitzender),
Marco Bode, Dr. Werner Brinker,
Axel Plaat, Hans Schulz

Cheftrainer: Robin Dutt
Co-Trainer: Damir Buric
Torwart-Trainer: Marco Langner
Athletik-Trainer: Reinhard Schnittker
Co-Trainer Videoanalyse: Peer Jaekel
Teammanager: Tim Barten
Mannschaftsarzt: Dr. Götz Dimanski
Physiotherapeuten: Holger Berger,
Florian Lauerer, Sven Plagge, Jürgen Tölle
Akupunkteur: Tomoki Suzuki
Zeugwarte: Peter Detjen, Fritz Munder

Direktor Finanzen: Hinrich von Hallen
Direktor Profifußball und Scouting:
Frank Baumann
Direktor Leistungszentrum / Mädchen- und Frauenfußball/Fußballschule:
Björn Schierenbeck
Direktor Marketing und Vertrieb: Oliver Rau
Direktor Medien und Kommunikation:
Tino Polster

Direktorin CSR-Management /Fan- und Mitgliederbetreuung: Anne-Kathrin Laufmann
Direktor Allgemeine Verwaltung/Vereinsangelegenheiten: Jens Höfer
Direktor Recht und Personal: Tarek Brauer

Werder Fan-Service GmbH:
Petra Stelljes (Geschäftsführerin)
RehaZentrum Bremen/SporThep:
Dr. Götz Dimanski (Geschäftsführer)

Die größten Erfolge:
Deutscher Meister 1965, 1988, 1993, 2004
Deutscher Pokalsieger
1961, 1991, 1994, 1999, 2004, 2009
Deutscher Supercup-Sieger 1988, 1993, 1994
Deutscher Ligapokal-Sieger 2006
Europapokalsieger der Pokalsieger 1992
Deutscher Amateurmeister 1966, 1985, 1991

Ehrenspielführer:
Richard Ackerschott (†), Frank Baumann,
Marco Bode, Dieter Burdenski, Dieter Eilts,
Horst-Dieter Höttges, Arnold ‚Pico' Schütz

WERDER Leistungszentrum

Anschrift:
Franz-Böhmert-Str. 7, 28205 Bremen

Verantwortlicher Geschäftsführer:
Klaus-Dieter Fischer
Direktor Leistungszentrum / Mädchen- und Frauenfußball/Fußballschule:
Björn Schierenbeck
Sportlicher Leiter: Thomas Wolter

▶ Sport-Verein „Werder" von 1899 e. V.

Gegründet: 04.02.1899

Geschäftsführendes Präsidium:
Klaus-Dieter Fischer (Präsident),
Dr. Hubertus Hess-Grunewald (Vize-Präsident), Axel Plaat (Schatzmeister)

Mitglieder des Präsidiums:
Dietmar Ernst (Vorsitzender Fußball),
Gunnar Lübben-Rathjen (Vorsitzender Handball), Christian Schwarting (Vorsitzender Leichtathletik),
Dr. Oliver Höpfner (Vorsitzender Schach),
Werner Meyer (Vorsitzender Tischtennis),
Manfred Jacobi (Vorsitzender Turnspiele und Gymnastik),
Anne-Kathrin Laufmann (Jugendreferentin),
Norbert Sunder (Sportreferent)

Ehrenrat:
Peter Eilers (Vorsitzender), Joachim Bunzel,
Elke Humrich, Horst Kühne, Radek Lewicki,
Wolfgang Schäfer, Jürgen Sterzik, Egbert
Wilzer, Klaus-Dieter Witt

Ehrenmitglieder:
Dr. Franz Böhmert (†), Klaus Allofs, Joachim
Bunzel, Dietmar Ernst, Meta Finke, Klaus-Dieter Fischer, Karl-Heinz Kamp, Frank
Jatho, Willi Lemke, Peter Logemann, Manfred Müller, Otto Rehhagel, Thomas Schaaf,
Wolfgang Schäfer, Jürgen Sterzik, Peter
Sztuka, Hans Wild

Vereinsfarben: Grün-Weiß
Mitglieder: 40.000